Das Reiterdenkmal

| Namibia: | ISBN 978-99945-76-24-1 |
| Deutschland: | ISBN 978-3-941602-84-7 |

1. Auflage: 2014

Verlag: Kuiseb Verlag
                Postfach 67, Windhoek, Namibia
                E-Mail: nwg@iway.na

Umschlag
Foto - Vorderseite: Reiterdenkmal im Sonnenuntergang. Datum unbekannt.
                        Quelle: Nitzsche-Reiter, Sammlung Gunter von Schumann
Fotos - Rückseite: 1912 - Ankunft des verpackten Reiterdenkmals. Genaues Datum
                        unbekannt. Quelle: NWG Archiv, Nr. 3810-17
                        2009 - Das zum Transport eingewickelte Reiterdenkmal vor
                                seiner Verlegung und sicheren Verwahrung im Jahre 2009.
                                Quelle: Tanya Davidow
                        2013 - Reiterdenkmal im Innenhof der Alten Feste.
                                Quelle: Antje Otto

Titelfoto: Reiterdenkmal. Datum unbekannt. Quelle: NWG Archiv, Nr. 3895-12

Umschlagentwurf: Conny von Dewitz
Satz: Conny von Dewitz
Druckerei: John Meinert Printing

Inhaltsangabe

Allgemeine Betrachtungen

Vorwort

Das bekannte und beliebte Reiterdenkmal ist seit dem 25. Dezember 2013 Tagesgespräch in Namibia, und auch im Ausland gibt es Diskussionen zu diesem Thema. Die hier vorliegende Publikation möchte sich nicht im Tagesgeschehen platzieren, sondern lediglich eine chronologische Dokumentation anhand von Zeitungsartikeln, Berichten, Fotos, Anekdoten und Bildmaterial anbieten. Die Dokumentation schildert den Werdegang des Reiterdenkmals von seiner Planung vor gut 108 Jahren und der Errichtung 1912 über 97 Jahre unveränderter Positionierung bis zum Abriss und Umzug am 25. Dezember 2013, bzw. Entfernung der Überreste Anfang des Jahres 2014. Dabei erhebt diese Dokumentation keinerlei Anspruch auf Vollständigkeit, beinhaltet aber Artikel und Fotos, die bisher nicht veröffentlicht wurden. Diese sind aus vorhandenem Material in Archiven und Sammlungen ausgewählt worden, und die Meinungen und Aussagen entsprechen nicht unbedingt der Meinung des Herausgebers und des Verlags.

Nichtsdestotrotz soll auf die Bedeutung dieses Denkmals in einem wesentlich größeren Rahmen und Umfang hingewiesen werden als zu Anfang des vorigen Jahrhunderts geplant war. So entwickelte sich dieses Ehrenmal, das ursprünglich als Denkmal im wahren Sinne des Wortes den gefallenen deutschen Soldaten und Siedlern gewidmet war, recht bald zu einem Monument, das geachtet und geehrt wurde und bei Kranzniederlegungen zum Symbol für ein Gedenken der Toten in zwei Weltkriegen wurde. Nicht nur die Kriegsgräberfürsorge, die Kameradschaft deutscher Soldaten, der Traditionsverband ehemaliger Schutz- und Überseetruppen, der Kulturrat, sondern auch die Memorable Order of Tin Hats und andere Gruppen und Personen gedachten hier der Toten alljährlich am Totensonntag im November. Aber auch für politische Aussagen bot sich dieses Denkmal an - während des Aufstandes auf der Alten Werft 1957 bekam der Reiter einen Sack über den Kopf gezogen, und das Denkmal wurde mit roten Blumen verziert; später erschienen Kreuze auf dem Rasen neben dem Reiter, und dann wurde mal die Flagge von Namibia ans Gewehr geheftet. Dass es zum Wahrzeichen von Windhoek und integralem Teil der Gesellschaft dieses Landes wurde, ist deutlich zu erkennen an Buchtiteln, Bierreklamen, Firmenlogos, Karnevalsveranstaltungen und Aufklebern, weswegen auch Berichte nicht nur aus deutschen Medien, sondern auch englische und afrikaanse Artikel in dieser Sammlung erscheinen. Immer wieder gab es auch Bemühungen, die Toten anderer Bevölkerungsgruppen ins Gedenken mit einzubeziehen; so ein Bericht schon zu Anfang des vorigen Jahrhunderts, der erzählt, dass der Windhoeker Farmerverein Spenden einsammelte, um „ein Denkmal für alle" zu errichten. Was zur Ehrung der gefallenen Soldaten und ermordeten Siedler begann, entwickelte sich in hundert bewegten Jahren zum nationalen Erbgut, bis sich der Kreis schließt und die derzeitigen Machthaber ihre Autorität unter Umgehung gesetzlicher Vorgaben glauben statuieren zu können, indem sie das „Koloniale Denkmal" bei Nacht und Nebel am Weihnachtsabend von ausländischen Helfern entfernen lassen. Dieser Werdegang wird im Buch dargestellt – allerdings ist das letzte Kapitel noch nicht geschrieben!

Zahlreiche Personen und Gruppen haben sich an der Zusammenstellung dieser Sonderausgabe beteiligt und Material geliefert – zu viele als das man sie alle aufzählen könnte. Und allen sei herzlich gedankt für ihr Interesse und ihre Bemühungen. Dabei sollen insbesondere erwähnt werden: Herr Gunter von Schumann und Frau Annegret Enengl (Archiv und Bibliothek der Namibia

Wissenschaftlichen Gesellschaft), Frau Antje Otto (Staatsmuseum Windhoek), Herr Werner Hillebrecht (Staatsarchiv Windhoek), Frau Trudi Stals (Sam Cohen Bibliothek - Wissenschaftliche Gesellschaft Swakopmund), Herr Stefan Fischer und die Mitarbeiter der Allgemeinen Zeitung, das Wika Museum Windhoek, Herr Harald Koch (Kriegsgräberfürsorge), Frau Gretel Keding, Herr Hartmut Voigts und Herr Armin Jagdhuber sowie das Verlagskomitee (insbesondere Frau Conny von Dewitz), Personal & Vorstand der Namibia Wissenschaftlichen Gesellschaft.

Gordon McGregor
Vorsitzender des Verlagskomitees vom Kuiseb Verlag
Februar 2014

Das Reiterdenkmal vor der Alten Feste. März 2010.
Quelle: Wolfgang Reith

Chronologie des Reiterdenkmals

1905   Regierungsrätin Anna Prausnitzer spendet 500 Mark für ein Denkmal zum jährlichen Gedenken aller gefallenen Opfer der Aufstände.

1907   November: Während eines Abendessens mit Gouverneur Bruno von Schuckmann und geladenen Gästen (u.a. Oberstleutnant Ludwig von Estorff, Dr. Oskar Hintrager, Dr. Bogislaw Graf von Schwerin, Hauptmann Ernst von Heynitz und Gustav Voigts) wird die Errichtung eines Denkmal befürwortet. Oberstleutnant von Estorff soll diesen Vorschlag im Kolonialamt Berlin zur Kenntnis bringen.

    25. Dezember: Gouverneur Bruno von Schuckmann schickt dem Auswärtigen Amt in Berlin ein Schreiben, das über das Vorhaben, ein Denkmal zu errichten informiert.

1908   30. Januar: Auf Initiative von Gustav Voigts, dem Vorsitzenden des Farmervereins Bezirk Windhoek, werden von mehreren Ansiedlern 1 000 Mark zur Errichtung eines Denkmals zum Gedächtnis aller Opfer gesammelt.

    14. und 15. Februar: Das Reichskolonialamt in Berlin erhält Anträge der Schutztruppe zur Errichtung eines Denkmals.

1909   7. August: Oberst von Glasenapp gibt die Bewerbungsbedingung für ein Denkmal in DSWA bekannt.

1910   Ende des Jahres: Spenden von insgesamt 50 000 Mark für die Errichtung eines Denkmals sind eingegangen. Ein Wettbewerb wird ausgeschrieben, für den fünf Künstler, Adolf Kürle, Karl Möbius, Otto Riesch, Hans Weddo von Glümer und Albert Moritz Wolff, Entwürfe einreichen. Ausgewählt wird der Entwurf von Adolf Kürle.

1911   Ende Juni: Das Denkmal nähert sich seiner Vollendung.

    18. November: Das in der Gießerei Gladbeck in Berlin gegossene Denkmal verlässt den Hamburger Hafen in einer Holzkiste auf dem Dampfer *Badenia*.

    13. Dezember: Sichere Ankunft in Swakopmund. Weitertransport per Bahn nach Windhuk. Dort wird es unter Aufsicht von Bildhauer Adolf Kürle von der Schutztruppe errichtet.

1912   27. Januar: Feierliche Einweihung des Denkmals mit Ansprache von Gouverneur Dr. Seitz.

1962   27. Januar: 50-Jahrfeier mit Kranzniederlegung und Gottesdienst in der Christuskirche.

1969   2. Januar: Das Reiterdenkmal wird zum nationalen Denkmal proklamiert.

1987   27. Januar: 75 Jahre Reiterdenkmal mit Ausgabe einer Sondermünze (Fünf-Unzen-Feinsilber).

1994   25. August: Reiter-Initiative – Aufruf an die Deutschsprachigen.

1997   April: Herero-Stiftung unterstützt Reiterdenkmal-Initiative.

2000   5. Januar: Beine und Unterleib des Reiterdenkmals werden mit goldener und silberner Sprühfarbe verunstaltet.

2001   26. Juni: Das Kabinett beschließt während der 16. Allgemeinen Sitzung die Errichtung eines Unabhängigkeitsmuseums und die Verschiebung des Reiterdenkmals. Kabinettsbeschluss 16th/26.06.01/003.

    21. September: Jahreshauptversammlung des Deutschen Kulturrats (DKR).

    Harald Koch wird beauftragt, sich mit Regierungsvertretern in Verbindung zu setzen.

2002	30. Januar 2002: Harald Koch und Des Radmore treffen sich zum Gespräch mit Kabinettsstaatssekretär Frans Kapofi. Letzterer bittet um den Kabinettsbeschluss und verspricht, die Betroffenen, einschließlich Kulturrat, in die weiteren Entwicklungen und Gespräche mit einzubinden.
2004	13. September: Dem Reiterdenkmal werden ein Hakenkreuz und das Wort „Slave" aufgemalt.
2008	9. Juli: 51 Holzkreuze werden in der Nähe des Reiterdenkmals aufgestellt. 17. Juli: Historiker und das Institut der Namibischen Architekten warnen in der Tageszeitung ‚The Namibian' vor einer Verschiebung des Reiterdenkmals. 22. Oktober: Dem Reiter wird eine Namibiaflagge an den Gewehrlauf gesteckt.
2009	22. Juni: Das Ministerium für Arbeit und Transport läßt Rasen und Bewässerungsanlage beim Reiter entfernen. 13. Juli: Das Ministerium für Arbeit und Transport bestätigt den Bau des „Memorial Independence Museums" und die dafür vorgesehenen N$ 60 Millionen. Harald Koch unterbreitet dem Vizeminister Paul Smit den Vorschlag, das Reiterdenkmal auf eigene Kosten zu verschieben, sollte es abgerissen und verschrottet werden. 17. Juli: Der Vizeminister Paul Smit informiert Harald Koch, dass die deutsche Gemeinschaft den Reiter in eigener Regie verschieben darf. Spenden werden dringend benötigt. 24. Juli: Das Ministerium informiert den Deutschen Kulturrat, dass das Reiterdenkmal innerhalb von 14 Tagen verschoben werden soll. 28. Juli: Die Behörde informiert den Deutschen Kulturrat, dass er verantwortlich sei für die Reiterverschiebung, der Finanzierung dieser Aktion und dass eine Frist von vier Wochen gesetzt wurde. 29. Juli: Beginn der Vorbereitungen zur Versetzung des Reiterdenkmals vor die Alte Feste. 19. August: Um genau 11h07 wird das Reiterdenkmal vom Sockel gehoben, in einen besonderen Container gehievt und an einen unbekannten Ort gebracht.
2010	1. März: Das Reiterdenkmal wird auf den Sockel vor die Alten Feste gesetzt. 14. November: Feierliche Einweihung des Reiterdenkmals vor der Alten Feste.
2012	27. Januar: 100 Jahre Reiterdenkmal.
2013	26. August: Präsident Hifikepunye Pohamba verkündet auf einer Versammlung in Outapi, dass das Reiterdenkmal entfernt werden muss. 20. Dezember: In mehreren Tageszeitungen erscheinen vom Denkmalrat veröffentlichte Hinweise zur Aberkennung des Status quo des Reiterdenkmals als nationales Denkmal. 25. Dezember: In einer nächtlichen Aktion wird das Reiterdenkmal demontiert und in den Innenhof der Alten Feste gebracht.
2014	Januar/Februar: Nord Koreanische Arbeiter entfernen den Sockel bis auf einige Überreste, die im Februar in ein neues Fundament integriert werden. Das Reiterdenkmal steht in anderer Ausrichtung im Hof der Alten Feste.

Dort steht es bis dato...........

Der Anfang - 1908-1912

Die Denkmäler Kaiser Wilhelms I (1797-1888) -
Eine bildende Kunst an der sich auch die Schutzgebiete von
Deutsch-Ostafrika und Deutsch-Südwestafrika erfreuten
Bruno Schumacher

Bisher unveröffentlichter Artikel, in ursprünglicher Fassung, aus dem Nachlass von Hertha von Dobschütz, geb. von Prittwitz. Ohne Zeitangabe, wahrscheinlich 1958.
Zur Verfügung gestellt von Gunter von Schumann.

Der beliebteste Kaiser Deutschlands

Nach dem Tode von Kaiser Wilhelm I am 9. März 1888 folgte in ganz Deutschland eine schmerzliche Zeit. Aufrichtige Trauer herrschte in allen deutschsprachigen Ländern. Verstärkt wurde die Trauer weiterhin durch den frühen Tod seines Sohnes und Nachfolgers Friedrich III am 15. Juni 1888. Gerade auf diesen Kaiser hatte man große Hoffnung gesetzt der als sehr Liberal galt. International war Kaiser Wilhelm I der Inbegriff des vereinten „Großdeutschen Reiches" welches von Kanzler Otto von Bismarck (1815-1898) in seiner Regierungsperiode geschaffen worden war. So galt dem Kaiser und dem Haus Hohenzollern in allen Bevölkerungsschichten eine große Verehrung. Die Errichtung vieler künstlerisch und international hoch anerkannter Monumente haben dieser Ehrenbezeichnung ihre Entstehung zu verdanken. Sie beeinflusste die Bildhauer bis in die Kaiser Wilhelm II Regierungsperiode.

Soweit es Kaiser Wilhelm I betraf wetteiferte man in vielen Städten um die Errichtung von grandiosen Denkmälern, um diesen wichtigen Ahnen zu Ehren. Abgesehen von begüterten Einzelstiftungen und wohlhabenden Personen trugen auch verschiedene städtische Behörden und Kulturvereine maßgebend dazu bei, dass kunstreiche Denkmäler in ihrem Umkreis geschaffen wurden. Für Künstler folgte eine Hochkonjunktur die meisterhafte Gestaltungen in der Kunstgeschichte Deutschlands erzeugte. Schon am 18. August 1888 wurde ein großes Siegesdenkmal auf dem Marktplatz vor dem alten Rathaus in Leipzig enthüllt. Bis zum ersten Weltkrieg hatten Gießereien über 50 Relief und Reiterstandbilder in allen Provinzen und den meisten Bundesstaaten zu liefern. So entstand auch durch Kaiser Wilhelm II das aufwendige Reiterstandbild zum Deutschen Eck nach Koblenz das sich einem ganz besonderen Zulauf von internationalen Touristen erfreut. In Kunstpublikationen in Amerika, England, Frankreich und Italien wurde es als eins dem bedeutendsten Kunstgestaltungen der Neuzeit in Europa beschrieben.

Einen sehr bitteren politischen Schlag hatte Deutschland nach dem zweiten Weltkrieg zu verzeichnen als die kommunistischen DDR Machthaber in Ost Berlin das Denkmal Kaiser Wilhelm I vor dem Berliner Schloss aus ideologischen Gründen und uneingeschränkten Ressentiment gegen den Imperialismus am Anfang der 1950ger Jahre abbrechen ließen. Dieses Denkmal war durch den Bildhauer Reinhold Begas und dem Architekten Gustav Halmhuber geschaffen und am 22. März 1897 von Kaiser Wilhelm II enthüllt worden. Es muss hier akzentuiert betont werden dass in der Zeit des Kaiser Wilhelm I besonders Pferde bei den verschiedenen Denkmälern eine wichtige Rolle spielten.

Kaiser Wilhelm II - Kaiserbüsten

Kurz eingeflochten, über die Kaiserbüsten von Kaiser Wilhelm II im Windhuk Staatsmuseum ist nur folgende Information bekannt. Händler Otto Hälbich aus Karibib schenkte dem Museum in Windhuk eine Gipsbüste von Kaiser Wilhelm II. Diese war im Hause der Familie seit etwa 1899. Künstler G.F. Kesselmann fand wiederum eine Bronze Büste von Kaiser Wilhelm II auf der Müllhalde in Windhuk. Diese Büste ruhte auf zwei Adlerfüßen und war versehen mit der Inschrift: Friedrich Pfannschmidt 1900. Eine dritte Büste von Kaiser Wilhelm II wurde auf einem Autofriedhof in Johannesburg, Südafrika, gefunden. Diese vermutet man war diejenige, welche für den Tintenpalast 1914 bestellt wurde, aber wegen der Kriegswirren nicht mehr nach Südwestafrika gelangte oder von feindlichen Truppen 1915 geklaut wurde.

Das Schutzgebiet Deutsch-Südwestafrika - Kaiser Wilhelm II (1888 -1918)

Das prachtvolle Reiterdenkmal verdient in seiner künstlerischen Gestaltung ganz besondere Würdigung. Ein triumphierendes Meisterwerk das seines gleichen beschwerlich in Deutschland findet. Bringt man Kunst und Denkmäler ins Gespräch, so nimmt das Reiterdenkmal in Windhuk den höchsten Rang in Afrika ein. Der Schutztruppenreiter blickt majestätisch über Windhuk als das prominenteste Denkmal in Afrika. Prof. Adolf Kürle wurde aus vier Bewerben durch den Schutztruppenkommandeur von Estorff auserkoren. Kürle hat sich selbst mit diesem Lebenswerk übertroffen. Unumgänglich in der Kolonialgeschichte ist wie man auch in dem Schutzgebiet DSWA Kaisertreu dachte und wie dieser lebensgroße Reiter zu Stande kam. Wichtig ist vor allem das man nicht nur den Herero- und Hottentotten-Aufstand den gefallenen Schutztrupplern widmete sondern das man auch allen verstorbenen Männern, Frauen und Kindern in dieser Krisenzeit beider Seiten gedachte. Aus Dr. Oskar Hintrager's Hand erfahren wir, welche Gedanken ursprünglich zu diesem Reiterdenkmal führten. Eine Beobachtung zeigt dass zufällig beide Denkmäler in Daressalam und Windhuk in der unmittelbaren Nähe der Evangelischen Dorfkirchen errichtet wurden. Hübsche zeitgenössische bunte Postkarten dokumentieren diese Begebenheit.

Der Reiter und die Christuskirche. Datum unbekannt.
Quelle: NWG Archiv, Nr. 4338-16

Der Anlauf dieser interessanten Windhuker Denkmalsepisode startete schon im Jahre 1905. Die vermögende Frau Regierungsrätin Anna Prausnitzer, die von ihrer Verwandtschaft von dem traurigen Aufstand und den vielen grausamen Menschenverlusten aus dem Schutzgebiet erfuhr, beschloss im Jahre 1905 eine Summe von 500 Mark für ein Denkmal zu spenden. Als Anhängerin Kaiser Wilhelm I erbat sie, dass ein Denkmal seiner Majestät in Windhuk errichtet wird, bei dem man jährlich allen gefallenen Opfern gedenken könnte. Diese Initialspende wurde jedoch erst auf Eis gelegt aufgrund der andauernden Eingeborenen-Aufstände zwischen den Jahren 1905-1907.

Zum weiteren Verlauf der Errichtung des Reiterdenkmals in Windhuk erfahren wir aus einer Tagebuchaufzeichnung folgende Einzelheiten. Am 26. August 1907 übernahm Gouverneur Bruno von Schuckmann die Amtstätigkeiten in Deutsch-Südwestafrika. Anfang November erbat er sich zu einer Arbeitsbesprechung bei einem gemütlichen Abendessen einige prominente Führungskräfte in Windhuk. Das Hauptthema beinhaltete die Krankenpflege im Lande der verwundeten Soldaten und auch einiger Ansiedler. Ein Schreiben der Woermannlinie über einige Schwierigkeiten der Formalitäten bei der Beförderung der Verwundeten Soldaten von Lüderitzbucht und Swakopmund per Schiff nach Deutschland kam weiterhin zur Diskussion.

Dr. Oskar Hintrager dokumentierte folgende Persönlichkeiten aus Windhuk die an dieser von Schuckmann Gouverneursbesprechung beteiligt waren:

Oberstleutnant Ludwig von Estorff - Kommandeur der Schutztruppe
Dr. Oskar Hintrager - Erster Referent am Kaiserlichen Gouvernement
Dr. Bogislaw Graf von Schwerin - Stellvertretender Distriktschef
Hauptmann Ernst von Heynitz - General-Vertreter des Roten Kreuz und dem Johanniter Orden in Deutsch-Südwestafrika
Gustav Voigts - Vertreter der Ansiedler und Farmer im Schutzgebiet

Während der Gesprächsrunde im Laufe des Abends schlug Oberstleutnant von Estorff unter anderem vor, dass ein Denkmal im Gedanken der gefallenen braven Soldaten und ermordeten Bürger des Schutzgebietes wünschenswert sei. Man erinnerte sich an die Spende von Frau Prausnitzer und das dieser Denkmalsgedanke ursprünglich von ihr vor Jahren an Major Theodor Leutwein vorgetragen wurde. Diese Aufforderung fand stracks bei allen Herren zugegen allgemeine Unterstützung. Gouverneur von Schuckmann bat darauf hin Oberstleutnant von Estorff diesen Vorschlag am grünen Tisch im Kolonialamt in Berlin zur Kenntnis zu bringen. Weiterhin unterstützte der Gouverneur diesen Antrag eines Denkmals mit einem weiteren Schreiben am 25. Dezember 1907 an das Auswärtige Amt in Berlin.

Die Errichtung des Reiterdenkmals in Windhuk - 27.01.1912

Nach offizieller Bekanntmachung eines beabsichtigten Denkmals in Windhuk wurde von den obigen genannten Herren eine Spendenaktion gestartet. Schon am 30. Januar 1908 hatte Gustav Voigts vom Farmerverein Bezirk Windhuk, unterstützt von mehreren Ansiedlern, 1,000 Mark für ein Denkmal zum Gedächtnis aller Opfer des Aufstandes zur Verfügung gestellt. Weitere größere finanzielle Beiträge empfing man auch von Handelsunternehmen und Kolonialfreunden in Deutschland und Übersee. Zum Abschluss des Jahres 1910 waren erfreulicherweise bereits

50,000 Mark für die Kosten zur Errichtung eines Denkmals in Windhuk eingegangen. Eine Spenderliste wurde im Deutschen Kolonialblatt veröffentlicht. Ein Wettbewerb wurde ausgeschrieben, vorgeschlagen mit Gold Mark Preisen für die drei besten Denkmal Entwürfe.

Außer Adolf Kürle wurden die Bildhauer Karl Möbius, Otto Riesch, Hans Weddo von Glümer und Albert Moritz Wolff beauftragt Entwürfe zu einem Denkmal für Windhuk zu schaffen. Karl Möbius (1876-1953) war unter anderem auch bekannt geworden durch sein Monument von Dr. Carl Peters in Daressalam. Dieses Denkmal fand auf Betreiben der Engländer nach 1920 eine neue Bleibe auf der Insel Helgoland. Die entworfenen Reiter Statuetten von Karl Möbius als Vorlage für ein Denkmal in Windhuk stehen momentan bei Sammlern sehr hoch im Kurs. Auf dem Swakopmunder Friedhof, Grab Hptm. Scultetus, ist gegenwärtig eine dieser Statuetten montiert. Obwohl der Entwurf von Möbius favorisiert wurde, fiel Kürle letztlich in die engere Auswahl und wurde auf Wunsch des Kommandeurs von Estorff beauftragt mit der Schöpfung des Reiterdenkmals für das Schutzgebiet DSWA. Bildhauer, Professor Adolf Kürle aus Berlin war am 20. März 1865 in Kassel geboren. Nach seinem vollendeten Studium wurde Kürle ein bekannter Porträtmaler in Berlin. Später entwickelte er eine Vorliebe für die Bildhauerei und trat damit in den Vordergrund.

Ende Juni 1911 wurde berichtet, dass das große Model des Denkmals für Windhuk im Atelier von Kürle in Schmargendorf bei Berlin seiner Vollendung entgegen sehe. Ein Reiter sitzt auf einem kleinen Ostpreußischen Gaul, die sich sehr widerstandsfähig in Afrika bewiesen. Das bei der Gießerei Gladbeck in Berlin gegossene Reiterdenkmal wurde in eine große Holzkiste verpackt und verließ Hamburg mit dem Dampfer *Badenia* am 18. November 1911. Auf Reede in Swakopmund bereitete das Ausschiffen des tonnenschweren Denkmals große Kopfschmerzen, jedoch konnte es am 13. Dezember 1911 sicher an Land gebracht werden. Unter einigen Schwierigkeiten wurde das gut verpackte Denkmal in Begleitung diverser Schutztruppler per Bahn nach Windhoek verfrachtet.

Ankunft des verpackten Reiterdenkmals. Dezember 1911.
Quelle: NWG Archiv, Nr. 3810-17

Unter Aufsicht des Bildhauers Adolf Kürle wurde das neue Denkmal auf einen Granitsockel, dessen Steine aus einem Steinbruch bei Okahandja stammten, montiert. Es versteht sich das man das Denkmal gegenwärtig unter Verhüllung hielt um die lokale Bevölkerung vorerst in großer Spannung zu halten. Endlich waren alle Vorbereitungen getroffen und an Kaisers Geburtstag am 27. Januar 1912 fand die würdige Enthüllung durch Gouverneur Dr. Theodor Seitz statt. Die deutschen Tageszeitungen berichteten ausführlich über den feierlichen Vorgang, die Ansprache des Gouverneurs und auch die Anordnung der Ehrensitze. Dieser Teil der Feierlichkeit soll hier nicht wiederholt werden. Windhuk hatte unbestritten noch nie solch einen großen interessierten Zustrom aus den Reihen der Siedlergemeinschaft erhalten. Großzügig unterstützte auch die Woermannlinie die Denkmalsweihe. Für alle interessierten Besucher wurde eine günstige Reisegelegenheit per Schifffahrt zwischen Lüderitzbucht und Swakopmund eingeführt. Diese Maßnahme ermöglichte es vielen Siedlern im Süden des Landes zeitig in Windhoek zum Festtage voller fröhlicher Erwartungen einzutreffen.

Erwähnenswert ist das Major Mercker den ehemaligen Gouverneur Bruno von Schuckmann bei der Enthüllung des Denkmals vertrat. Alle Unterkünfte in Windhuk waren voll ausgebucht und viele Ochsenwagen auf dem Windhuker Ausspannplatz dienten als zusätzliche Unterkünfte. Besonders die eleganten Damen schmückten mit ihren langen weißen Kleidern die Festlichkeiten. Es war ein ehrenvolles elegantes Volksfest begleitet von der unermüdlichen Militärkapelle. Man gedachte auch besonders die Anwesenheit des Bildhauers Adolf Kürle, der eine Einladung aus Berlin hocherfreut angenommen hatte. Verschiedene Fotografen dokumentierten den Ablauf des Tages und hatten hinterher einen unschlagbaren hohen Umsatz an Erinnerungsfotos, die sie zum Kauf anboten. Später zirkulierten auch verschiedene hübsche bunte Windhuk Reiterdenkmal Postkarten, die dem ganzen Geschehen eine extra Note verliehen.

Die festlich gekleidete Bevölkerung während der Parade zur Einweihung des Reiterdenkmals am 27.1.1912.   Quelle: NWG Archiv, Nr. 5114-24

Auf dem großen Bronze-Plakat das vorne unterhalb des Reiters montiert wurde steht zu lesen: „Zum ehrenden Andenken an die tapferen deutschen Krieger, welche fuer Kaiser und Reich zur Errettung und Erhaltung dieses Landes waehrend des Herero- und Hottentottenaufstandes 1903-1907 und waehrend der Kalahari-Expedition 1908 ihr Leben liessen. Zum ehrenden Andenken auch an die deutschen Buerger, welche den Eingeborenen im Aufstande zum Opfer fielen. Gefallen, verschollen, verunglueckt, ihren Wunden erlegen, und an Krankheiten gestorben:

von der Schutztruppe: Offiziere 100; Unteroffiziere 254; Reiter 1180

von der Marine: Offiziere 7; Unteroffiziere 13; Mannschaften 72

im Aufstand erschlagen: Männer 119; Frauen 4; Kinder 1."

Die bronzene Gedenkplatte. 27.1.1912.
Quelle: NWG Archiv, Nr. 3896-12

Zum Schluss muss berichtet werden, dass diese erstrebenswerte und erfolgreiche Einweihung des Reiterdenkmals in Windhuk leider auch kurze Zeit später allgegenwärtig beschattet wurde durch sehr schmerzliche menschliche Verluste. Professor Adolf Kürle kehrte mit starkem Fieber Heim. Man brachte ihn ins Großlichterfelde Krankenhaus in Berlin, wo er an einer schweren Lungenentzündung in Folge Malaria, die er sich in Windhuk zugezogen hatte, am 6. April 1912 verstarb. Dem Bildhauer Adolf Kürle wurde Ende Mai 1912 Posthum der Rote Adler-Orden Vierter Klasse verliehen.

Schon im März des Jahres hingen die Flaggen am Roten Kreuz Hauptquartier auf Halbmast als einer der Initiatoren des Reiterdenkmals in Windhuk, Rittmeister Ernst Georg von Heynitz am 20. März 1912 an Lungenkrebs in dem Großlichterfelde Krankenhaus zu Berlin verstarb. Die Kreisgemeinde Kotbus verehrte ihn mit einem großen Relief im Stadtpark. Aus ideologischen Gründen wurde von den DDR Machthabern dieses Relief und weitere andere, die an die Kolonialzeit und an den Imperialismus erinnerten, in den 1950ger Jahren eingeschmolzen. Hauptmann von Heynitz hatte sich zwischen 1896 und 1912 tatkräftig für den Einsatz von 43 Feldhospitälern und die Krankenpflege im Allgemeinen in Deutsch-Südwestafrika unermüdlich als Generalvertreter des Roten Kreuz und als Ehrenritter des Johanniter Ordens eingesetzt. Nebenbei importierte er viele Zuchtpferde und belieferte in Laufe der Jahre von seiner Farm Breekhorn bei Maltahöhe, die er laut einem Kaufvertrag direkt von Häuptling Hendrik Witbooi kaufte, die Schutztruppe mit gut durchrittenen Remonten.

Quellen:
1) Antiquariat Frank R. Thorold, 103 Fox Street Johannesburg, Südafrika - (Eine Sammel-Mappe Ex Dr. H. Gewande) Berichte über Denkmäler Kaiser Wilhelm I in Europa und in den Deutschen Schutzgebieten: Deutsch-Südwestafrika und Deutsch-Ostafrika.
2) Dr. O. Hintrager - Privatarchiv. Einsicht in dienstliche Dokumentensammlung und persönliche Aufzeichnungen wichtiger Begebenheiten in Deutsch-Südwestafrika.
3) Schriftliche Mitteilung über Kaiser Wilhelm II Büsten im Staatsmuseum Windhoek - Kurator Mr. D. Krynauw - Staatsarchiv Windhoek, SWA.
4) E.G. von Heynitz Familiengeschichte - Justus Perthes Verlag in Gotha.
5) Mündliche Information - Museumsdirektor Dr. A. Weber in Swakopmund.

DAS REITERDENKMAL ZU WINDHOEK

Das Windhoeker Reiterdenkmal von Prof. Rudolf Kuerle ist heute so sehr Symbol und Besitz Südwestafrikas geworden, daß man unwillkürlich an das Brandenburger Tor als Wahrzeichen und Mahnmal Berlins und des Gesamtdeutschlands denkt. Künstlerisch ist das Reiterdenkmal, im Gegensatz zum Swakopmunder Marinedenkmal von A. Wolff, angenehm in seiner Klarheit und steht durch seine wirkliche Monumentalität über dem Niveau vieler Kriegsdenkmäler im südlichen Afrika.

Weniger bekannt dürfte die Vorgeschichte dieses Mals sein, und blättert man in den alten Akten des kaiserlichen Gouvernments, ist man angenehm berührt von dem Maß des Taktes, der ruhigen und klaren Vorplanung sowie der Weitsicht bei den Verhandlungen und Besprechungen. Bestes deutsches Beamtentum war in Südwestafrika verkörpert, maßvoll in der Bearbeitung eines Projektes, unbestechlich in Ansicht und Ausführung, wenn man dabei berücksichtigt, daß das Land noch reines Pionierland war, das erst kurze Zeit eine Befriedung kannte und wirtschaftlich noch in den Anfängen stand.

Es ist daher nur recht und billig, wenn einige Briefe wörtlich zitiert werden, um den Geist der damaligen Zeit wieder lebendig werden zu lassen.

Der Gedanke, ein Erinnerungsmal zu setzen, wurde im Jahre 1905 gefaßt. Wohl hat eine Frau Regierungsrätin, Anna Prausnitzer, auf Anraten des damaligen Gouverneurs Oberst Leutwein bereits im Jahre 1904 an S. M. den Kaiser geschrieben mit der Bitte, in Deutsch-Südwest-Afrika ein Denkmal zu Ehren Seiner Majestät Wilhelm I errichten zu dürfen und bot zu diesem Zweck 500 Mark als Initialspende einer groß anzulegenden Sammlung an. Doch wurde dieses Projekt vorläufig zurückgestellt infolge der noch andauernden kriegerischen Ereignisse in Südwestafrika. Nach Beendigung des Hererokrieges war man nun bemüht, vorerst Erinnerungstafeln in Form von Steinpyramiden mit Rotgußtafeln zu Ehren der gefallenen Schutztruppler überall im Lande zu setzen; die Genehmigung erteilte die Kolonialabteilung des Auswärtigen Amtes und die Kosten, die mit 28 000 Mark veranschlagt wurden und später sich auf 51 000 Mark beliefen, wurden teils durch Spenden und teils durch den Etat gedeckt. Ein einheitliches Ehrenmal sollte jedoch errichtet werden, und bereits am 15. Dezember 1905 schrieb die Inspektion der Marineinfanterie, Kiel, an das kaiserliche Gouvernement, Windhuk, daß ein gemeinsames Denkmal des Marine-expeditionskorps in Windhuk aufgestellt werden müßte, und zwar in Form einer Steinpyramide mit einem bronzenen Adler, dessen Flügelspannweite 1,60 m betragen sollte. Es standen hierzu 3500 Mark zur Verfügung, wobei 2000—2500 Mark für Adler und Tafeln ausgegeben werden sollten. Jedoch wurde diese Denkmalsidee im Januar 1907 verworfen und durch einen Entwurf des Bildhauers Wolff, Berlin, ersetzt, der einen kämpfenden Marinesoldaten und rechts unterhalb einen liegenden, verwundeten Matrosen zeigt. Dr. Hintrager, 1. Referent des Gouverneurs, schlug am 21. März 1907 als Aufstellungsort die Windhoeker Anlagen vor, später jedoch den Ausspannplatz. Zuletzt einigte man sich auf den Françoisplatz „gegenüber dem Club". Inzwischen ging der Entwurf des Bildhauers beim kaiserlichen Gouvernement ein, und nach dessen Begutachtung wurden Zweifel laut, ob er geeignet wäre. Regierungsbaumeister Redecker wies darauf hin, daß die hiesigen Eingeborenen den als „gefallen" anzusehenden Matrosen mit Siegesfreude betrachten könnten. Ein Schreiben des Gouverneurs von Schuckmann vom 25. Dezember 1907 an das Regierungskolonialamt, Berlin, beleuchtete die Erregung über dieses Denkmal.

„Die Inspektion der Marineinfanterie in Kiel beabsichtigt, zu Ehren der bei Owokokerero gefallenen Angehörigen der Marineinfanterie ein Denkmal zu errichten. Als Ort für die Errichtung war Windhoek in Aussicht genommen und zwar der Françoisplatz hierselbst.

In meinem zuletzt an die Marineinfanterie gerichteten Schreiben vom 24.7. ds. J. hatte ich, betr. der Ausführung des Denkmals selbst, die Beseitigung der am Postament des Denkmals getroffenen Darstellung eines gefallenen oder verwundeten Soldaten in Erwägung gestellt, habe aber daraufhin mit Schreiben vom 10.11. ds. J. die Mitteilung erhalten, daß eine Aenderung hierin nicht mehr eintreten könne und die Absendung der Figuren und Tafeln auch voraussichtlich schon am 14. ds. Mts. erfolgen würde.

Ich bitte gehorsamst mit der Inspektion der Marineinfanterie in Verbindung zu treten und die Beseitigung der erwähnten Figur erwirken zu wollen. Es unterliegt keinem Zweifel, daß die geplante Darstellung für die Eingeborenen nur einen Triumf bedeuten würde. Es wird mir infolgedessen auch nicht möglich sein, an der Einweihung eines solchen Denkmals — falls es nicht befohlen wird — teilzunehmen. Sollte eine Aenderung tatsächlich nicht mehr möglich sein, dann bringe ich als Ort für die Errichtung des Denkmals Swakopmund in Vorschlag. Dort würde das Denkmal in der geplanten Ausführungsweise nicht die ungünstige Wirkung haben, als hier im Herzen des Landes. Außerdem glaube ich, daß für ein Marinedenkmal Swakopmund als dem Hafenort des Schutzgebietes, — von Kriegsschiffen oft besucht —, Windhoek vorzuziehen wäre. Ein weiterer Grund für die Errichtung eines Marinedenkmals in Swakopmund ist der, daß neuerdings noch für Windhuk die Errichtung eines allgemeinen Schutztruppendenkmals geplant ist und daß voraussichtlich damit auch jeder nach deutscher Art für sich etwas Besonderes hat . . . Wie viel besser, netter und würdiger würde es sein, wenn ein **großes** Denkmal für alle Beteiligten errichtet werden könnte."

Seitens der Farmer und Ansiedler wurde in einem Schreiben vom 30. Januar 1908 1000 Mark auf Beschluß des Farmervereins für den Bezirk Windhoek für ein Denkmal zum Gedächtnis aller Opfer des Aufstandes zur Verfügung gestellt. Auch wurde die Spende der Frau Regierungsrätin A. Prausnitzer von 500 Mark für diesen Zweck bestimmt. Indes schlug der kgl. preuß. Major von Anderten, Abteilungskommandeur des Württembergischen Feldartillerie Reg. No. 29, Ludwigsburg, statt des Denkmals eine gemeinnützige Stiftung vor, zu errichten in Form einer Bücherei, Museum, Schule, Erziehungsheim oder gar Sternwarte. Das Interesse für die Ehrung der Opfer war nunmehr in Deutschland wachgerufen. Am 23. März 1908 antwortete Gouverneur von Schuckmann jedoch, daß eine Bücherei, eine höhere Schule, ein Erziehungsheim bereits bestehen; ein Museum im kleinen Rahmen eingerichtet sei; eine Sternwarte jedoch der hohen laufenden Personalkosten noch vorläufig zurückgestellt werden müßte. Man wäre aber mit dem Projekt eines Denkmals soweit gediehen, daß von einer Aenderung dieser Idee Abstand genommen werden müßte.

Inzwischen erklärte sich die Marineinspektion einverstanden, dieses Denkmal in Swakopmund aufzustellen. Am 26. Juli 1908 fand nun die Enthüllung dieses Denkmals zu Ehren der im Aufstande gefallenen Angehörigen des Marine Expeditionskorps ,allerdings in Abwesenheit des Gouverneurs, statt. Der kaiserliche Bezirkshauptmann zu Swakopmund berichtete an das kaiserliche Gouvernement wie folgt:

„Korvetten Kapitän des S.M.S. Panther ergriff das Wort und schloß mit einem Hoch auf S.M. Majestät, den deutschen Kaiser. Während des Kaiserhochs fiel die Hülle. Im Anschluß an die Feier fand um 12½ Uhr ein zahlreich besuchtes Herrenessen im Hotel Faber statt. Major Merker war als Vertreter des Gouverneurs von Schuckmann zugegen. Die ganze Feier verlief glatt ohne Störung und ohne Mißklang und darf als ein wohlgelungenes bezeichnet werden."

Die Verstimmung in Verwaltungskreisen Windhuks über dieses Denkmal in Swakopmund zeigt sich in einem Brief des Oberstleutnant von Estorff vom Kommando der Schutztruppen in Südwestafrika an den Gouvenreur. Er schreibt über die Vorplanung des allgemeinen Denkmals, des sogenannten Reiterdenkmals:

„Bei Auswahl des Entwurfs wird zu berücksichtigen sein, daß unter a l l e n Umständen vermieden werden muß, daß der Eingeborene in der Darstellung für sich einen Triumpf sehen kann. Ferner ist zu bedenken, daß das Denkmal nicht nur für die Truppe, sondern auch für die erschlagenen Farmer usw. bestimmt ist. 40 000 Mark stehen zur Verfügung . . ."

Von Estorff wollte den Sockel des Denkmals aus unregelmäßigen Marmorblöcken durch die Truppe bauen lassen, damit das aus Deutschland und Südwestafrika gespendete Geld nur für das Reiterstandbild ausgegeben werden konnte. Man war sich aber über den Aufstellungsort nicht einig und von Schuckmann schrieb an das Kommando der Schutztruppen über die Anpflanzungen am Aufstellungsort:

Photo Nitzsche-Reiter

18

„Ganz besondere Bedenken habe ich jedoch gegen die auf diesem Platz geplanten Anpflanzungen. Diese würden in Anbetracht des steinigen Untergrundes große Schwierigkeiten und Kosten verursachen. Außerdem dürfte es ausgeschlossen sein, daß das erforderliche Wasser aus der hiesigen Wasserleitung abgegeben werden kann, die Anforderungen an die vorhandenen wenigen Quellen Windhuks steigern sich vo Tag zu Tag, so daß für die Reservierung einer kleinen Wassermenge für Feuersgefahr aufs sparsamste gewirtschaftet werden muß. Ich stelle zur gefl. Erwägung unter diesen Umständen, ob nicht ein anderer Platz für das Denkmal vielleicht auf irgend einer Höhe in der Nähe der Stadt, wo von Anpflanzungen abgesehen werden kann, vorzuziehen sein möchte."

Inzwischen gab Generalmajor von Glasenapp, Kommandeur der Schutztruppen, Berlin, die Bewerbungsbedingungen heraus und ernannte das Preisrichterkollegium, das sich wie folgt zusammensetzte: Prof. R. Begas, Prof. W. Schott, Bildhauer C. Starck, Major Bender und Hauptmann Boettlein vom Kommando der Schutztruppen. Es standen 50 000 Mark für die Ausführung eines Denkmals zur Verfügung und die Entwürfe waren bis zum 1. März 1910 einzureichen. Die Auswahl fand im königlichen Zeughaus statt. Für die besten Entwürfe wurden drei Preise ausgesetzt im Werte von jeweils 3000 Mark, 2000 Mark und 1000 Mark.

Am 1. März 1910 heißt es im Protokoll, daß die Ausführung in dieser Sitzung nicht vergeben wurde, da keiner der eingesandten Entwürfe ohne Aenderung geeignet erschiene. Die Preise wurden jedoch wie folgt verteilt:

1. Preis: 3000 Mark — „Schwarz-weiß-rot": Albert Wolff.
2. Preis: 2000 Mark — „Hie Kaiser und Reich": Hans Wedder von Gluemer.   J
3. Preis: 1000 Mark — „Hurrah, der Sieg ist unser": Adolf Kuerle.
800 Mark je für Karl Moebius und Otto Riesch.

Die Kritik des Kollegiums, die protokollarisch aufgenommen wurde, ist hier erwähnenswert:

1. Das Postament schlichter und ruhiger zu halten.
2. Die Figur des erschlagenen Eingeborenen zu beseitigen und den Gesamteindruck des Postaments und der Figur ruhiger zu gestalten.
3. Den Reiter zu ändern und die Einzelfigur fortzulassen.

K. Moebius soll bei seinem Entwurf „Frieden in Südwest" Pferd sowohl wie Postament vollständig umgestalten, Otto Riesch einen neuen Entwurf anfertigen und möglichst eine mildere Auffassung der Unterwerfung der Schwarzen zum Ausdruck bringen.

Die zweite Konkurrenz wurde auf den 2. Mai 1910 verlegt, wobei keine weitere Entschädigung für neue oder geänderte Entwürfe ausgegeben wurde.

Leider fehlt nun die Akte über den glücklichen Preisträger, jedoch wissen wir, daß Prof. Adolf Kuerle mit der Ausführung beauftragt wurde. Unter großen Schwierigkeiten wurde das Denkmal am 13. Dezember 1911 in Swakopmund an Land gebracht und per Bahn nach Windhuk verfrachtet. Letzten Endes war für die damaligen schmalspurigen Eisenbahnverhältnisse ein Koloß von einem Denkmal eine nicht leicht zu lösende Aufgabe und die endgültige Aufsetzung unter Aufsicht des Künstlers eine nicht geringe Arbeit.

Jedoch, die Enthüllung des Reiterdenkmals, am 27. Januar 1912, des Kaisers Geburtstag, war eine würdige Feier, wenn auch Oberst Dr. von Lindequist, der inzwischen als Staatssekretär des Kolonialamtes in Berlin von seinem Posten zurückgetreten war, und der frühere Gouverneur von Schuckmann, die beide in Deutschland waren, nicht teilnehmen konnten.

Wie immer gab es auch hier Schwierigkeiten über die Anordnung der Ehrensitze bei der Feier und der „Südwest Bote" schrieb unter dem 28. Januar 1912 wie folgt:

„. . . so scheint der Plan einer Trennung der Festteilnehmer in solcher erster und zweiter Klasse, trotz der uns gegebenen Versicherung des Gegenteils, doch noch nicht aufgegeben worden zu sein. Oder sind diese Bänke etwa als Sitzgelegenheit für hochbetagte oder kranke Festteilnehmer gedacht? Sollte es sich unter diesen Umständen bewahrheiten, daß die

Bänke für eine Reihe bevorzugter Festteilnehmer und Teilnehmerinnen bestimmt seien, so haben wir von unserem jüngst geäußerten Urteil über ein derartiges Verfahren nichts zurückzunehmen. Ohne die Notwendigkeit der Wahrung der Distanz für das Zusammenleben der einzelnen Bevölkerungskreise zu verkennen, müssen wir doch nochmals betonen, daß die Gelegenheit zu einer Klassifizierung der Bevölkerung so ungeeignet ist wie nur möglich. Welche Empfindungen muß es bei alten Orlogsteilnehmern erwecken, wenn sie bei diesem Feste, das dem Gedächtnis ihrer Waffentaten und dem Andenken ihrer gefallenen Kameraden gewidmet ist, als Gäste zweiter Klasse behandelt werden, während ein eben ins Land hineingeschneiter junger Assessor auf der Honoratiorenbank dem Schauspiel zuschaut, das lange nicht für ihn die Bedeutung hat, wie für die alten Schutztruppler . . . In der Erwartung, daß ein solcher schriller Mißton bei dieser vaterländischen Feier doch noch vermieden wird, wollen wir uns mit der Wiedergabe der Aeußerungen des Befremdens — um einen milden Ausdruck zu gebrauchen — zurückhalten."

Da kein weiteres Kommentar mehr erfolgte, kann angenommen werden, daß man den Wünschen der Zeitung und damit den Orlogsteilnehmern entsprach.

Zum Schluß sei noch vermerkt, daß in einer Akte des Bezirkshauptmannes von Windhoek die Gesamthöhe des Reiterdenkmals mit 9.00 m, Länge und Breite des Sockel an der Basis mit 7.00 m angegeben ist. Die Fundierung besteht aus einer unmittelbar auf den Felsen gelegten, kreuzweise mit Eisenbahnschienen armierten Betonplatte, auf die ein etwa 0.50 m hohes Fundament aus Bruchstein im Zementmörtel aufgemauert ist. Das Gesamtgewicht des Denkmals samt Unterbau und Fundierung wird auf etwa 220 000 kg geschätzt.

Otto Schröder

Quelle: Die Muschel, Verlag Ferdinand Stich, Swakopmund,
Ein Almanack, Für das Jahr 1961

Kriegerdenkmal und evangelische Kirche. Datum unbekannt. Siehe Foto S. 10.
Quelle: Postkarte Fotostudio Nink/NWG Archiv 4988-14

Erlaubnis erteilt zur Errichtung eines Denkmals in Windhuk

Reichs-Kolonialamt
Kommando der Schutztruppe zu Berlin

7. August 1909

Gezeichnet Oberst von Glasenapp

Reichs-Kolonialamt
ommando der Schutztruppen.   Berlin W.8. den 7. August 1909.
                                              Mauerstraße 45/46.
    M. M. 1649/09 A.I.
        41139.

. 1282.

    Jn Verfolg der dortigen Anträge vom 15. 2. 08 IIa №. 1857,
14. 2. 08. IIa №. 954 und 14. 9. 08. IIa J.№. 8965 sind nun
mehr die anliegenden „ Bewerbungsbedingungen für die Errichtung eines Denkmals in Windhuk " im Einvernehmen mit dem Se-
nat der Königlichen Akademie der bildenden Künste in Berlin
aufgestellt worden.Zu dem Wettbewerb sind nur deutsche Künstler und zwar die Bildhauer Hans Weddo von Glümer, Adolf Kürle,
Carl Möbius, Otto Riesch, Professor Joseph Uphues und Albert
Moritz Wolff sämtlich in Berlin aufgefordert.

    Der beim Kommando hier verwaltete Denkmalfonds ist durch
die inzwischen von hier aus angeregten Sammlungen in der
deutschen Armee augenblicklich auf 48 000 M. angewachsen. Da
diese letztgenannten Sammlungen jedoch erst aus Sachsen und
Bayern zum Teil eingegangen sind,so kann voraussichtlich mit
einem schließlichen Gesamtbetrag von 70 000 M. gerechnet werden. Falls dortseits über weitere Mittel verfügt wird,über
deren Vorhandensein hier nichts bekannt ist,wird um Angabe

ersucht. Die kostenfreie Ueberlassung der für das Denkmal erforderlichen Kanonen-Bronze wird von hier aus beantragt werden.

Zur Vermeidung von Unstimmigkeiten wird bezüglich der dortseits gewünschten Gestaltung und des Standortes des Denkmals das Nachstehende wiederholt:

Die Ausführung ist entsprechend den im dortigen Schreiben vom 14.9.08 IIa J.№. 8965 gegebenen Anregungen gedacht, als Inschrift wird der im dortigen Schreiben vom 14. 2. 08 IIa J.№. 954 verzeichnete Wortlaut zu wählen sein.

Als Standort

An
Schutztruppe für Südwestafrika

durch

Als Standort für das Denkmal ist der in dem dortigen Schreiben vom 12. 10. 08 IIa J.№. 10041 an Herrn Oberstleutnant von Estorff vorgeschlagene Platz zwischen Kirche und Feste in Windhuk in Aussicht zu nehmen, für welchen sich auch Herr Oberst von Estorff gemäß Randbemerkung vom 10. 11. 08 entschlossen hat.

Es wird ersucht, dem Herrn Gouverneur über den Stand der Angelegenheit Vortrag zu halten und über weitere diesbezügliche Wünsche baldigst hierher zu berichten.

In Vertretung.

gez. Bender.

B e w e r b u n g s b e d i n g u n g e n
****

für die Errichtung eines Denkmals in W i n d h u k

(Deutsch Südwestafrika.(

Das Kommando der Schutztruppen in Berlin wünscht in Vertretung der Kaiserlichen Schutztruppe für Südwestafrika durch
einen beschränkten Wettbewerb unter deutschen bildenden Künstlern nach Maßgabe der nachstehenden Bedingungen Entwürfe für
ein Denkmal in Windhuk (Deutsch Südwestafrika) zu erlangen.

1.)   Das Denkmal soll, zur Ehre und zum Andenken der im Herero-
und Hottentotten-Aufstand 1903-1907 gefallenen und gestorbe-
nen deutschen Krieger und der im Aufstand erschlagenen deutschen Bürger, in Windhuk errichtet werden.

2.)   Das Preisrichter-Kollegium besteht aus:

    a. Professor Reinhold Begas

    b. Professor Walter Schott

    c. Bildhauer Constantin Starck

    d. Major Bender vom Kommando der Schutztruppen

    e. Hauptmann Böttlin   "   "   "   "

sämt-
lich
in
Berlin.

3.) Die Wahl des Motives und die Art der Ausführung ist dem Ermessen des Künstlers freigestellt. Das Denkmal soll den Gedanken des endlichen Sieges nach schwerem Kampf zum Ausdruck
bringen, jedoch muß dabei unter allen Umständen vermieden
werden, daß die Eingeborenen in der Darstellung einen Triumph
für sich erblicken können. Die Umgebung des für das Denkmal
in Windhuk bestimmten Platzes kann aus beim „Kommando der
Schutztruppen" Berlin, Mauerstraße 47/48 Zimmer 9 befindli-
chen Photographien pp. ersehen werden.

4.)   Als Material für den architektonischen Teil des Denkmals
kommt nur der im Schutzgebiet selbst in großen Blöcken gebro-
chene weißlichgraue Marmor in Betracht; für die Ausführung
des künstlerischen Schmucks ist Bronze in Aussicht zu nehmen.
Die für das Denkmal gewünschten Jnschriften können wie unter

stehen etwa 50 000 M. zur Verfügung.

5.)   Die Entwürfe sind, mit einem Kennwort versehen, in 1/5 der
natürlichen Größe bis zum 1. März 1910 12° Mittags an das
Kommando der Schutztruppen, Berlin, Mauerstraße 47/48 gebüh-
renfrei einzusenden. Eine Hinausschiebung dieses Termins kann
nicht stattfinden.

6.)   Für die besten Entwürfe werden drei Geldpreise von 3 000 M.,
2 000 M. und 1 000 M. ausgesetzt.

Die Entscheidung darüber, ob einer der preisgekrönten Entwürfe zur Ausführung geeignet ist, und ob der Verfasser des-
selben eine gute Ausführung gewährleistet, steht ausschließlich dem Preisgericht zu. Der Denkmals-Entwurf wird Seiner
Majestät dem Kaiser vorgelegt werden. Wird die Ausführung ent
gegen der Entscheidung des Preisgerichts vergeben, so erhält
der Verfasser des zur Ausführung empfohlenen Entwurfs eine besondere Entschädigung in Höhe des ersten Preises.

Die Honorierung der nicht mit Preisen bedachten Künstler
bleibt entsprechend dem §. 5 der "Grundsätze für das Verfahren
bei Konkurrenzen für Werke der Bildhauerkunst" dem Ermessen
des "Kommandos der Schutztruppen " vorbehalten.

7.) Das Modell des zur Ausführung bestimmten Entwurfs wird Eigen-
tum des "Kommandos der Schutztruppen", das Urheberrecht an
dem Entwurf verbleibt dem Künstler.

8.) Sämtliche eingelieferten Arbeiten werden unter Nennung der preisgekrönten Künstler öffentlich ausgestellt. Das Sitzungsprotokoll des Preisgerichts wird sämtlichen Teilnehmern an der Konkurrenz zeitgerecht mitgeteilt.

9.) Für die sorgfältige Behandlung jeder Konkurrenzarbeit von dem Augenblick des Empfangs an, für sorgfältige Wiederverpakkung sowie für die Kosten des Rücktransports haftet das „Kommando der Schutztruppen".

10). Die „Bewerbungsbedingungen" sind sowohl für die Preisrichter und die Teilnehmer der Konkurrenz wie für das „Kommando der Schutztruppen" rechtsverbindlich.

Quelle: Bundesarchiv Lichterfelde/Berlin

Einweihung des Reiterdenkmals zu Kaisers Geburtstag, 27.1.1912.
Quelle: Postkarte, Verlag Fotostudio Nink/Familienalbum Ernst von Heynitz

Entwürfe eines Denkmals für DSWA

Kolonialkriegerdenkmal

1909 beauftragte der Oberkommandierende der Schutztruppen Ludwig von Estorff die Bildhauer Hans Weddo von Glümer, Kürle, Otto Riesch und Albert Moritz Wolff, Entwürfe zu einem Kolonialkriegerdenkmal für Windhoek zu schaffen. Kürles Entwurf, der einen bewaffneten Reiter der Schutztruppen auf einem Pferd zeigte, wurde in Berlin in Bronze ausgeführt und dann per Schiff nach Swakopmund und weiter per Bahn nach Windhoek gebracht. Ungewöhnlich war die Darstellung eines einfachen Soldaten zu Pferde. Bislang hatten Reiterdenkmäler in solcher Pose Kaiser, Könige oder Fürsten gezeigt statt anonymer Kämpfer.

Quelle: Wikipedia

Wettbewerb für ein Kolonialkriegerdenkmal in Windhoek, 1909/10; vier der im ersten Durchgang eingereichten Entwürfe: Albert Moritz Wolff (1. Preis), Hans Weddo von Glümer (2. Preis), Adolf Kürle (3. Preis), Otto Riesch. Im zweiten Durchgang gewann Adolf Kürle mit seinem überarbeiteten Entwurf das Wettbewerbsverfahren.
Quelle: www.freiburg-postkolonial.de (Artikel von Dr. Joachim Zeller)

Der Bildhauer Adolf Kürle

Adolf Kürle (* 20. März 1865 in Cassel; † 6. April 1912 in Berlin) war ein deutscher Bildhauer und Maler, der hauptsächlich in Berlin arbeitete.

Leben

Kürle wurde in Kassel ausgebildet und arbeitete zunächst hauptsächlich als Porträtmaler. Er war 1896 an der 30. Großen Gemäldeausstellung des Kunstvereins Bremen beteiligt. Später trat die Bildhauerei in den Vordergrund.

Werk

1901 stellte die Zeitschrift *Berliner Architekturwelt* seine Figurengruppe „Dorothea" vor. Sie zeigte ein barfüßiges Mädchen, das einen Krug in der herabhängenden rechten Hand trug und von einem kleinen Hund an seinem knielangen Gewand gezupft wurde, und war etwa zur Ausschmückung einer öffentlichen Anlage oder eines Brunnens gedacht. Kürle hatte dieses Werk im Jahr 1900 in der Großen Berliner Kunstausstellung gezeigt.

Werke im öffentlichen Raum

Kolonialkriegerdenkmal in Windhoek

Vom 27. Januar 1912 bis zum August 2009 stand das Denkmal auf einem Platz, der dann für das neue Unabhängigkeits-Gedenkmuseum genutzt werden sollte, danach wurde es vor die Alte Feste versetzt.

Quelle Text: Wikipedia

Reiterdenkmal, Datum unbekannt.
Quelle: NWG Archiv, Album Goldbeck

Der Aufbau des Reiters im Dezember 1911 und Januar 1912.
Quelle: NWG Archiv, Nr. 3809-11

Einweihung des Reiterdenkmals am 27. Januar 1912

Auszug aus dem Tagebuch (Januar 1912) von Susanna Maria Houtermans, Ehefrau des damaligen amtierenden Bürgermeisters von Windhuk, Dr. jur. Otto Houtermans.

Freitag, den 26. Januar 1912

Am Abend dieses Tages, am Vorabend von Kaisers Geburtstag, fand das „Kaiseressen" der Beamten und des Gemeinderates statt. Im letzten Augenblick erst wurde der Bürgermeister (mein Mann) gebeten zu reden. Mein Mann hatte jedoch gar kein Lampenfieber, er war nur ungehalten über „diesen ganzen Rummel", wie er es nannte. Ich legte ihm also alle seine Sachen zurecht und half ihm beim Anziehen. Er sah wirklich schön aus im einfachen Frack, noch unberührt von Orden und Ehrenzeichen. Um 7 Uhr kam dann Herr D., um ihn abzuholen.

Ich ging mit einer Laterne bewaffnet zu den Damen D., mit denen ich den Abend verbringen wollte. Um 9 Uhr gab es einen Zapfenstreich mit Fackeln, den wir vom Garten aus beobachten konnten. Auch wurden einige Häuser illuminiert. Wir sahen eine Weile zu und gingen dann wieder an unsere Handarbeiten. Als ich nach Hause kam, wollte mein Mann mich mit der Behauptung erschrecken, dass er bei seiner Rede stecken geblieben sei und sie nicht zu Ende führen konnte. Das habe ich natürlich nicht geglaubt! Wir werden es am Montag ja in der Zeitung lesen.

Samstag, den 27. Januar 1912

Heute hiess es, schon früh auf den Beinen sein. Um 8.30 Uhr sollte die feierliche Enthüllung des Kriegerdenkmales neben der Kirche stattfinden. Mein Mann war ganz in weiss mit einem weichen grauen Filzhut, der für die Herren hier in Mode ist. Ich hatte das lila Spitzenkleid an und den grossen Hut auf. War das eine Pracht!

Herr D. holte mich im Wagen ab, mein Mann war bereits vorausgegangen. Er hatte seinen Platz ja auch bei den Spitzen und dem Gouverneur, während wir Damen ins Publikum mussten. Es war herrliches Wetter und die Sonne meinte es gut. Dazu eine festlich geputzte Menschenmenge, der Festplatz um das noch verhüllte Denkmal mit Palmenzweigen geschmückt, zu unseren Füßen die Stadt und nach allen Seiten hin der weite Blick ins Land hinaus bis auf die blauen Berge - wirklich ein eindrucksvolles Bild!

Die Feier begann mit einem Festgottesdienst mit Choral und Gebet. Zunächst sprach der evangelische Pfarrer einfach und gut, anschliessend der katholische Präfekt, dessen Stimme nicht so gut trug und deshalb nicht so gut zu verstehen war. Dann redete der Gouverneur in weisser Uniform, den grauen Filzhut auf bei den Seiten aufgeschlagen und dessen Rand mit einer breiten Goldborte besetzt. Er trug auch eine Menge Orden, von denen man überhaupt an diesem Tage viele sah. Er feierte das Gedächtnis der Gefallenen. Anschliessend wurde das Denkmal enthüllt, und zwar unter Kanonendonner und dem Geläut der Kirchenglocken. Es ist ein Reiter, aus Bronze, der ins Land hinausschaut. Das Ganze ist hoch auf einen Granitsockel gestellt, an dessen Fuß die Kränze niedergelegt wurden. Darauf folgte der Parademarsch. Es war eine Kompagnie zu Pferd und eine Batterie mit Maschinengewehren und Maultieren. Das zweite Mal kamen sie im Galopp vorüber.

Nach der Parade musste mein Mann noch zur Schulfeier - aber ohne mich! Ich kümmerte mich um einige Gäste, die sich nach dem langen Stehen in der Sonne in den schattigen Räumen unseres Hauses bei einem kühlen Glase Wein erfrischen konnten. Das war für uns der Ausklang dieses Tages, an dem später stattfindenden Konzert sowie an dem abendlichen Kriegerball haben wir nicht mehr teilgenommen.

Sonntag, den 28. Januar 1912

Heute abend fuhren wir zur Kaiserfeier der 4. Kompagnie, zu der uns Hauptmann Graf S. eingeladen hatte. Es waren die üblichen Soldatenaufführungen, gut gemacht und witzig. Anschliessend gab es einen großen Ball, zu dem wir aber nicht geblieben sind. Bei herrlichem Mondschein gingen wir zu Fuß nach Hause. Wir waren doch ganz froh, dass die Zeit der Kaiserfeiern vorüber war.

Andacht während der Einweihung des Reiterdenkmals am 27.1.1912.
Quelle: Sammlung Gunter von Schumann/Album Ernst von Heynitz

Einweihung des Reiterdenkmals am 27. Januar 1912

Kurz von der Denkmalsenthüllung vor der Christuskirche. 27.1.1912. Quelle: NWG Archiv, Album Goldbeck

Der Moment der Denkmalsenthülllung am 27. Januar 1912. Quelle: Foto aus dem Artikel „Hundert Jahre Reiterdenkmal" von Dr. Andreas Vogt. Erschienen in den Mitteilungen der Namibia Wissenschaftlichen Gesellschaft, Nr. 53 Januar - April 2012.

Der Moment der Denkmalsenthülllung am 27. Januar 1912. Quelle: Sammlung Walter Rusch

Adolf Kürle

X

Adolf Kürle (der Bildhauer, x) anwesend bei der Einweihung. 27.1.1912.
Quelle: NWG Archiv, Nr. 5112-23

Schutztruppe und Bevölkerung während der Einweihung. 27.1.1912.
Quelle: NWG Archiv, Nr. 3811-17

Einweihung des Reiterdenkmals am 27. Januar 1912

Parade der Schutztruppe während der Einweihungsfeier. 27.1.1912.
Quelle: NWG Archiv, Album Goldbeck

Kränze am Reiterdenkmal. 27.1.1912.
Quelle: NWG Archiv

Schutztruppler am Reiterdenkmal.
1913 oder 1914. Quelle: NWG Archiv

Abb. 1. Quelle: Gordon McGregor

Abb. 2. Quelle: Gordon McGregor

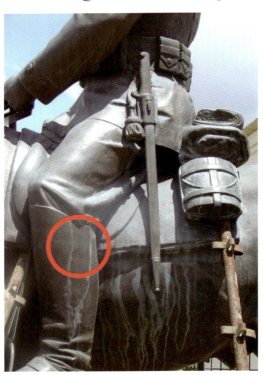

Abb. 3. Quelle: Gordon McGregor

Abb. 4. Quelle: Antje Otto

Beobachtungen eines Militärhistorikers

„Nachdem ich die Gelegenheit hatte, das Reiterdenkmal etwas genauer zu betrachten, weil der „Reiter" ja nun im Hof der Alten Feste steht, möchte ich auf einige interessante Beobachtungen hinweisen. Erstens möchte ich bemerken, dass es kaum zu glauben ist, wie präzise und genau die einzelnen Details dargestellt werden; und das gilt nicht nur für jedes Kleidungsstück sondern auch für Ausrüstung und Pferd.

Bei dem Gewehr handelt es sich um das sogenannte „Gewehr 98", das die Schutztruppe damals benutzte. Hier hat sich der Bildhauer sehr bemüht, alle Einzelheiten genauestens nachzubilden.

Abb. 1: Interessant ist die Jacke, die der Schutztruppenreiter trägt. Es handelt sich dabei nämlich um die Jacke der Heimatuniform! Die Tatsache, dass die Taschen fehlen, ist ein weiterer Hinweis darauf, dass dies die Jacke einer Heimatuniform ist. Dazu trägt der Reiter einen Patronengurt, der damals nur im Busch und nur in Verbindung mit dem Feldrock aus Khakidrell, aber nicht mit der Heimatuniform getragen wurde. Zur Heimatuniform gehörte laut Vorschrift ein lederner Leibriemen mit Kastenschloss, auf dem die Kaiserkrone mit einer Umschrift bestehend aus den Worten „Gott mit uns" und darunter einem Kranz von Lorbeerblättern abgebildet war. Stattdessen ist hier nur der Patronengurt zu sehen, der meiner Meinung nach zur Aufwertung des Denkmals dienen sollte.

Der Reiter trägt einen Schnurrbart mit beidseitig nach oben gezwirbelten Enden nach dem Vorbild des Kaisers und der damaligen Soldatenmode. Allerdings trägt er dazu einen kurzen Bart, was außergewöhnlich ist, da die Reiter der Schutztruppe zwar vielfach Schnurrbärte, aber keinen Kinnbart trugen.

Abb. 2: Bitte beachten Sie, dass die oberen drei Knöpfe der Uniformjacke offen sind. Dies entsprach nicht den damals geltenden Richtlinien, nach denen die Uniform bis oben hin zugeknöpft sein sollte.Interessant ist das Fehlen der Waffenfarbe am Jackenbesatz und Hutrand – blau wäre die Farbe der Kolonie Deutsch-Südwestafrika. Der Reiter trägt eine Medaille auf der linken Seite der Uniform, und zwar eine SWA-Denkmünze mit der Spange „Kalahari 1908". Die naheliegende Erklärung für die Wahl dieser Medaille ist die Erinnerung an die Aufstände in Deutsch-Südwestafrika, wie in der Stiftungsurkunde festgelegt. „Kalahari 1908" ist die letzte Spange, die erwähnt wird, und damit das Symbol für den allerletzten Feldzug – damit wird das Ende der Aufstände dargestellt. Diese Medaille mit ihrem Band und der Spange „Kalahari 1908" wäre mit der Jacke der Heimatuniform getragen worden und nicht mit dem sogenannten Feldrock. Die Jacke der Felduniform hätte nämlich höchstens eine Feldspange mit kleinem „Kalahari 1908" an einem Band gezeigt.

Abb 3: Sogar die Stiefel zeigen deutlich die Innennähte der Stiefelschlaufen, die das Anziehen der Stiefel erleichtern sollten und dazu dienten, die Stiefel aufzuhängen. Das am Patronengurt befestigte Seitengewehr ist das „Seitengewehr 98" mitsamt den Troddeln und nicht das „Kurze Seitengewehr 98" mit ledernem dreifach genietetem Griff, das die Schutztruppe benutzte. Das lange Seitengewehr war anfangs üblich, wurde dann aber ersetzt durch das kurze. Meiner Meinung nach hat der Bildhauer ganz bewusst dieses Seitengewehr gewählt, um das Denkmal insgesamt eindrucksvoller zu gestalten, da das kürzere Bajonett weniger Wirkung gehabt hätte.

Abb. 4: Besonders auffällig sind die Einzelheiten des Zaumzeugs und der Doppelzäumung sowie den fürs Halfter und die Kniefessel benutzten Lederriemen. Auch hier hat der Bildhauer mit viel Präzision alle Details sehr eindrucksvoll dargestellt.

Es ist dem Bildhauer gelungen, ein Meisterwerk zu schaffen, das ganz besonders beim näheren Hinschauen die Reiter der Schutztruppe eindrucksvoll darstellt und ihnen wie beabsichtigt ein Denkmal setzt."

Gordon McGregor (Text und Fotos), Februar 2014

Der Südwestbote

Windhuker Nachrichten

Anzeigen nehmen entgegen: die Verlagsbuchhandlung W. Süsserott, Berlin W. 30 und Aug. Schulze, Swakopmund. Die Anzeigen werden mit 50 Pfg. für die viergespaltene Petitzeile berechnet; bei größeren Aufträgen und Wiederholungen wird entsprechende Ermässigung gewährt.

Bezugspreis 6 Mk. halbjährig bei Bestellung durch die Post, 8 Mk. halbjähr. bei direkter Kreuzbandlieferung. Bestellungen werden von der Expedition in Windhuk, den Postanstalten des Schutzgebietes und des Deutschen Reiches, sowie von der Verlagsbuchhandlung W. Süsserott, Berlin W.30, Neue Winterfeldtstr. 3a, entgegen genommen.

Mit der Gratisbeigabe: „Unterhaltungsbeilage des Südwestboten."

Erscheint dreimal wöchentlich.

Verlag u. Expedition: Windhuker Nachrichten G. m. b. H. — Verantwortlicher Redakteur: A. Mylo, Windhuk, Druck: Windhuker Druckerei G. m. b. H.

Erscheint Mittwochs, Freitags und Sonntags.

9. Jahrgang.   WINDHUK, den 31. Januar 1912.   Nummer 13.

Rede des Gouverneurs.

Sie hatte folgenden Wortlaut:

„Verehrte Festversammlung! Keinen schöneren Tag konnten wir uns zur Enthüllung des Landeskriegerdenkmals wählen, als den Geburtstag Sr. Maj. des Kaisers. Handelt es sich doch bei der Weihe dieses Denkmals nicht um ein Fest einer einzelnen Stadt oder eines einzelnen Teiles der Bevölkerung, sondern um eine wahre Herzenssache des ganzen Schutzgebiets, ja des ganzen deutschen Volkes.

Zur Ehrung der Toten wurde das Denkmal gestiftet, aller der Krieger, die während des Eingeborenen-Aufstandes in der Kaiserl. Schutztruppe und der Kaiserl. Marine vor dem Feinde gefallen, in den Lazaretten gestorben, im weiten Feld verschollen und zugrunde gegangen sind. Aber ebenso gilt das Denkmal dem ehrenden Andenken der Bürger und Frauen welche dem Aufstand zum Opfer gefallen sind. Und diese Toten, sie stammten aus allen Gauen des Vaterlandes, um sie wurde und wird getrauert an den Ufern des Rheins und der Memel ebenso wie im Felde der afrikanischen Steppe.

Seit den gewaltigen Kriegen, die der Wiederaufrichtung des Deutschen Reiches voraufgingen, war der Eingeborenen-Aufstand in Südwest, abgesehen von der ganz anders gearteten Expedition nach Ostasien, der einzige große Kampf, den unser Volk zu bestehen hatte. Dieser Kampf aber hat der Welt bewiesen, daß die alte deutsche Tapferkeit und Opferwilligkeit auch heute noch in unserem Volke lebt. Ich brauche Ihnen keine Schilderung der blutigen Ereignisse jener Kriegsjahre zu geben, ich brauche nicht daran zu erinnern, wie das wehrlose Land plötzlich überfallen wurde, wie die Bürger den verzweifelten Kampf aufnahmen, die Marine eingriff, die Schutztruppe in Gewaltmärschen heranrückte, und wie endlich nach langem schwerem Kampfe der Feind besiegt, das Land erobert wurde. Ich brauche Ihnen auch nicht zu schildern, welch wilder Schmerz bei den ersten traurigen Nachrichten über den blutigen Aufstand durch das deutsche Volk zitterte, wie Tausende und Abertausende tagtäglich mit angstvoller Spannung der Nachrichten aus Windhuk harrten.

Liegt doch die Zeit jener Kämpfe erst kurz hinter uns, zittert doch so manchmal noch die Erregung jener Tage in den Herzen nach! Ja, ich glaube nicht fehlzugehen in der Annahme, daß die große Mehrzahl der Männer, die heute hier versammelt sind, in jenen schweren Tagen mitgestritten und mitgelitten haben. Heute noch sehen wir an der Spitze der Schutztruppe Offiziere, die sich bei der Niederwerfung des Aufstandes ausgezeichnet haben. Um alle, die einst mitgekämpft, mögen sie heute noch die Uniform tragen, mögen sie als Farmer, Kaufleute, Gewerbetreibende oder Arbeiter im Lande zerstreut sein, um sie alle muß das Bewußtsein: „Auch du hast um dieses Land im heißen Kampf gestritten", ein starkes Band schlingen, und mag hier an dieser Stelle von neuem die Trauer wach werden um so manchen teuren Freund, so manchen braven Kameraden, den der Tod hinweggerafft, so muß doch die Brust sich stolz heben bei dem Gedanken: Auch du hast mitgekämpft für Deutschlands Ehre, auch für dich ist dies Denkmal ein Zeichen der Erinnerung und des Dankes des Vaterlandes!

Den Toten zur Ehre ist das Denkmal gesetzt, den Lebenden aber zum Ansporn, zu erhalten und auszubauen, was in einem schweren Kampfe voll aufopfernder Vaterlandsliebe errungen wurde. Vaterlandsliebe war es, die alte germanische Mannentreue, die Tausende und Abertausende von Freiwilligen hierher in die Reihen der Schutztruppe geführt hat, um den gefährdeten und schwer ringenden Brüdern beizustehen und die Existenz des Schutzgebiets zu retten. Diesen idealen Zug in dem großen Kampfe dürfen und wollen wir nicht vergessen; denn nirgends ist es notwendiger, immer wieder die idealen Seiten im Leben des Volkes zu betonen, als in einem Neulande, in dem ganz von selbst der Kampf wirtschaftlicher Interessen, die Sorge um das materielle Wohlergehen sich an die erste Stelle drängen. Gerade wir Deutsche hier in Südwestafrika, die wir mitten drin stehen in wechselvollem Ringen um Entstehen und Gestalten eines neuen eigenartigen Staatswesens, die wir täglich am eigenen Leibe verspüren, wie auf hochgespannte Hoffnungen und Erwartungen bittere Enttäuschung und Niedergeschlagenheit folgen, wie in diesem Ringen des wirtschaftlichen Lebens Personen und Interessen hart aufeinander stoßen, gerade wir müssen stets dessen eingedenk sein, daß aus diesem Land und Volk

Rede von Gouverneur Seitz

ein würdiges Kind der Mutter Germania nur dann werden kann, wenn wir bei allen Kämpfen und allen Sorgen des täglichen Lebens hochhalten den Gedanken an unser Volkstum und unser Vaterland, an Kaiser und Reich. Der eherne Reiter der Schutztruppe, der künftig von dieser Stelle über das Land hinausblickt und der Welt verkündet, daß wir hier die Herren sind und bleiben werden, er soll uns immer wieder Schillers ewig wahre Worte ins Gedächtnis zurückrufen: „Ans Vaterland, ans teure, schließ' Dich an, das halte fest mit Deinem ganzen Herzen, dort sind die starken Wurzeln Deiner Kraft!"

Und man vergißt uns nicht im alten Vaterlande. Weite Kreise unseres Volkes haben zu diesem Denkmal beigetragen, der Anregung folgend, die besonders von dem früheren verdienten Kommandeur der Schutztruppe, dem Obersten von Estorff ausgegangen ist und bei der Deutschen Kolonialgesellschaft und ihrem erlauchten Präsidenten tatkräftige Förderung fand. Wir danken allen, die zu diesem Denkmal beigetragen, wir danken besonders auch dem Künstler und freuen uns, daß es ihm vergönnt ist, heute hier der Enthüllung seines Werkes beizuwohnen.

Vor allem aber gedenken wir heute in tiefer Dankbarkeit und Treue Sr. Maj. des Kaisers. Wir wissen, daß Seine Majestät heute an seinem Geburtstage im Geiste bei uns ist, mit uns gedenkt der Tapferen, die hier fürs Vaterland gestorben. Seine Majestät hat die Gnade gehabt, die Niederlegung eines Kranzes an dem Denkmal zu befehlen. Wir sind glücklich, daß wir gerade heute, am Geburtstage Seiner Majestät, das Denkmal enthüllen können, dies Denkmal deutscher Tapferkeit und deutscher Treue.

Und nicht besser können wir unsere Feier schließen, als indem wir hier von neuem geloben unverbrüchliche Treue für Kaiser und Reich und Gott bitten, seinen Segen walten zu lassen über dem Haupte unseres geliebten Kaisers. So falle denn die Hülle unter dem Rufe: Seine Majestät der Kaiser hurrah!

Langsam senkte sich in diesem Moment die Denkmalshülle zu Boden, dröhnend hallte der dreimalige Hochruf der Festversammlung von den Bergeswänden wieder, und während man entblößten Hauptes die Nationalhymne anstimmte, grüßte der Geschütze eherner Mund mit dem kaiserlichen Herrn auch den Bronzereiter, der da oben über der Landeshauptstadt aufragte als ein Gedächtnismal für die Toten Deutsch-Afrikas und als ein Mahnzeichen für die Lebenden. Gouverneur Dr. Seitz legte im Namen des Kaisers den ersten prachtvollen Kranz am Fuße des Denkmals nieder, dann folgten die Abordnungen. Fünfzehn mächtige Kränze reihten sich um das Denkmal: Das Gouvernement, die Schutztruppe, die Gemeinde Windhuk, die Besatzung der „Möwe", die Landespolizei, die Offiziere der Landespolizei und die Beaamten dieser Behörde, die Kriegervereine Windhuk, Swakopmund, Karibib, Maltahöhe und Lüderitzbucht, der Südwestafrikanische Turngau und der Windhuker Männergesangverein hatten Kränze niederlegen lassen.

Quelle Text: Der Südwestbote, 31.1.1912.
Sam Cohen Archiv, Swakopmund

Exzellenz Dr. Seitz und Gattin am 27.1.1912.
Quelle: Sammlung Gunter von Schumann/Album Ernst von Heynitz

Denkmal·für alle Opfer

Windhoek (Fe)
Eine kleine Anekdote? Ein Beitrag zur Diskussion um das Reiterdenkmal? Jedenfalls ein amüsantes Dokument - ist das Schreiben des „Verein der Farmer für den Bezirk Windhuk" vom 30. Januar 1908, das das „Kaiserliche Gouvernement Windhoek" zwei Tage später erhielt. Waren damals mit „allen Opfern" vielleicht nur Weiße gemeint, so zeigt der Text doch, daß man auch vor knapp 90 Jahren schon debattierte...

Der Text des Schreibens (vom Windhoeker Staatsarchiv zur Verfügung gestellt) lautet: „Eurer Excellenz beehre ich mich ganz ergebenst mitzuteilen, dass der Farmerverein Windhuk am 26. d. Mts. folgenden **Beschluss gefasst hat:**

Der Vorsitzende wird beauftragt, bei den zuständigen Stellen in Anregung zu bringen, dass an Stelle eines Kriegerdenkmals der Schutztruppe die Errichtung eines dem Gedächtnis aller Opfer des Aufstandes gewidmeten, gemeinsamen Denkmals in Windhuk in Aussicht

Das Windhoeker Reiterdenkmal soll bekanntlich ergänzt werden - als Dank für die Toleranz der Regierung.

genommen wird. Der Verein erklärt sich bereit, zu den Kosten eines solchen Denkmals den Betrag von M. 1000,- beizusteuern. Ich gestatte mir ferner, in der Anlage die Abschrift eines Schreibens beizufügen, welches ich in Erledigung obigen Beschlusses an Herrn Oberstleutnant v. Estorff gerichtet habe. Der Verein bittet Eure Excellenz, die im obigen Beschluss enthaltene Anregung hochgeneigtest unterstützen zu wollen." Wie reagieren Farmervereine wohl heute?

Quelle: Allgemeine Zeitung, 23.8.1994

Die Jahre danach - 1913-1968

Leutweinstraße (heute Robert Mugabe Avenue) mit dem Reiterdenkmal und der Alten Feste.
Datum unbekannt.
Quelle: NWG Archiv, Nr. 4342-16

Gedenkfeier beim Reiterdenkmal 1913 oder 1914

Quelle: Sammlung Gunter von Schumann/ Hella Daehne geb. von Schwerin

*Blick auf das Reiterdenkmal vom Tintenpalast aus. Im Vordergrund englische Truppenparade.
Datum unbekannt.
Quelle: NWG Archiv, Nr. 2540-17*

*Das Reiterdenkmal mit Blick auf den Tintenpalast. Datum unbekannt.
Quelle: NWG Archiv, Nr. 4328-16*

Die Zelte der Krankenschwestern, die in der Mandatszeit am Reiterdenkmal untergebracht worden waren. Man beachte die englische Flagge. 1915-1917.
Quelle: NWG Archiv, Nr. 2538-17

Eine humoristische Darstellung. Der deutsche Reiter erfreut sich der Gesellschaft der südafrikanischen Krankenschwestern. Diese Skizze wurde von Robert M. Tait 1925 angefertigt.
Quelle: Foto Willi Gieß/Postkarte Foto Nink

Erinnerungspostkarte Deutscher
Bühnen-Künstler. 7-24.10.1927
Quelle: Lutz von Dewitz

Das Reiterdenkmal mit Blick auf den Tintenpalast, ca. 1933.
Quelle: Renate Loth („Damals war's - Land & Leute in Namibia";
Die Foto-CD zum 90. Geburtstag der AZ Namibia)

Kranzniederlegung am Reiterdenkmal. Im Hintergrund Beamte der Administration. Vor 1939.
Quelle: Postkarte Foto Nink, Sammlung Gunter von Schumann

Das Reiterdenkmal erschien als Sonderstempel, als Werbekarte und als Großplakat in der Ausstellung selbst. 1939.

Quelle: Sonderstempel: Deutsche Kolonialzeitung 1939, S. 208

Blick auf das Reiterdenkmal mit der Alten Feste im Hintergrund. 1914.
Quelle: Verlag J.C. Hubrich/Sammlung Gunter von Schumann/Hella Daehne geb. von Schwerin

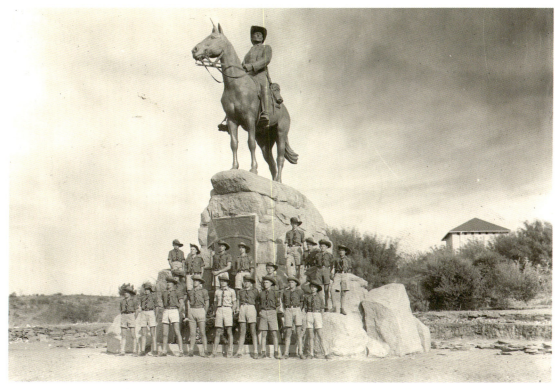

Deutsche Pfadfinder am Reiterdenkmal. 1930er Jahre.
Quelle: NWG Archiv, Nr. 2539-17

Blick auf das Reiterdenkmal. 1954.
Quelle: Wolfgang Reith

Blick auf das Reiterdenkmal mit der Alten Feste im Hintergrund. Anfang der 60er Jahre.
Genaues Datum unbekannt.
Quelle: Postkarte Verlag Nitzsche-Reiter/ Sammlung Gunter von Schumann

Der Tintenpalastgarten mit dem Reiterdenkmal und der Alten Feste im Hintergrund.
Datum unbekannt.
Quelle: NWG Archiv, Album Ilse Schatz

Das Reiterdenkmal, Alte Feste und Windhoek Hoërskool aus der Luft gesehen. ca. 1960.
Quelle: NMN/NAN Archiv

Das Reiterdenkmal. Datum unbekannt.
Quelle: Hildburg Böck („Damals war´s - Land & Leute in Namibia";
Die Foto-CD zum 90. Geburtstag der AZ Namibia)

Das Reiterdenkmal. Datum unbekannt.
Quelle: Gretel Keding

Allgemeine Zeitung

Beim Hauptpostamt in Windhoek als Zeitung eingetragen.

Verlag: Deutscher Verlag (Pty) Ltd.; Redaktion: Telefon 3728, Postfach 2127, Windhoek
Druck, Anzeigenannahme und Expedition: John Meinert (Pty) Ltd.; Telefon 5411, Postfach 56, Windhoek

Windhoek, Montag, 29. Januar 1962

Einzelpreis 3c

50 Jahre Reiterdenkmal

Feiern mit Gottesdienst in der Christuskirche — Ausstellung in der Alten Feste — Treffen der Alten Kameraden am Freitagabend

Windhoek (AZ). Am Sonnabendvormittag hatten sich Vertreter der Administration, der Stadtverwaltung, der Polizei, vieler Vereine und Verbände, Vertreter der Kirchen, der deutsche Konsul und Menschen aller Bevölkerungsgruppen am Reiterdenkmal versammelt, um in einer schlichten und würdigen Form des Tages zu gedenken, an dem vor 50 Jahren dieses Denkmal enthüllt wurde. Ihre Fahne voran, kamen die Alten Kameraden geschlossen zum Denkmal, um dort Aufstellung zu nehmen. Für die Administration legte Landesratsmitglied S. von Bach (MdE) einen Kranz am Sockel des Denkmals nieder; ihm folgten die Alten Kameraden mit einem Kranz, von der Gruppe Berlin gestiftet; für die Stadtverwaltung Windhoek legte der stellvertretende Bürgermeister J. Levinson einen Kranz nieder, und G. Kerby als Vorsitzender des Altsoldatenverbandes (B. E. S. L.).

Dann sprach namens der „Freiwilligen Arbeitsgemeinschaft und Freunde der Kriegsgräberfürsorge Windhoek" J. Port, Er erinnerte an den Tag vor 50 Jahren, an dem das Landeskriegerdenkmal der kaiserlichen Schutztruppe, welches zu Ehren der gefallenen deutschen Söhne im Herero- und den Hottentotten-Feldzügen (1904 bis 1908) errichtet wurde, am 27. Januar 1912 eingeweiht und der Landeshauptstadt Windhoek in deren Schutz- und Schirmherrschaft übergeben wurde. Dieses halbe Jahrhundert sei als ein rein revolutionärer Zeitabschnitt bereits in die Geschichte der Völker eingegangen.

Der Redner schilderte anschaulich aus eigenem Erleben den Tag vor 50 Jahren und den Ablauf der Denkmalsenthüllung. Bereits am Tage vorher begann man mit den Feiern und mit der Begrüßung der Gäste, die aus allen Teilen des Landes kamen; es gab ein Wiedersehen mit alten Kameraden und Kämpfern. Der große Zapfenstreich der kaiserlichen Schutztruppe, begleitet von dem Kanonensalut auf dem Feldherrnhügel, war die abendliche Festeinleitung. Ueberall fanden die sogen. patriotischen Festabende von Vereinen und Organisationen statt. Da es um die Denkmalsenthüllung und um Kaisers Geburtstag ging, waren es also Doppelfeiern, die entsprechend begangen wurden.

Am Morgen des Festtages war mit großem Wecken und dem Kanonensalut auch das Signal zur Flaggenhissung gegeben; die Stadt bot ein farbenfreudiges Bild durch die vielen Fahnen und Wimpel. Dann setzte der Zustrom zum Denkmal ein. Alle, ob schwarz oder weiß, ob jung oder alt, wollte dabei sein. Schulen, Vereine, Polizei und Beamte nahmen am Denkmal Paradeaufstellung. Eingeleitet wurde die Feier durch einen evangelischen und einen katholischen Gottesdienst; dann folgten Darbietungen von Gesang und Vorträgen von Schülern. Gouverneur Dr. Seitz hielt die

Festansprache, in der er die Taten und Opfer der Schutztruppe würdigte, die das Fundament zur Erschließung und Besiedlung des Landes gelegt habe.

J. Port schloß mit den Worten: „Möge das Landeskriegerdenkmal der kaiserlichen Schutztruppe stets und immerdar für die Bevölkerung des Landes und der nach uns kommenden Generationen ein Mahnmal und ein Vorbild für höchste vaterländische Pflichterfüllung, für höchste Einsatz- und Opferbereitschaft in Tagen des Kampfes und der

(Fortsetzung nächste Seite)

Quelle: Allgemeine Zeitung, 29.1.1962

Forts.: 50 Jahre . . .

Not sein. In diesem Sinne lege ich am 50. Jahrestag einen Kranz am Denkmal nieder".

Unter den am Denkmal Versammelten sah man auch den Hottentott David in der Schutztruppenuniform mit allen Auszeichnungen, der an den Kämpfen auf deutscher Seite unter J. Port teilgenommen hat.

Festpredigt von Landespropst Höflich

Danach begaben sich alle Versammelten in die Christuskirche, in der die Tafel mit den Namen aller in den Kriegen und Aufständen Gefallenen mit einer Eichenlaub-Girlande und einer weißen Schleife geschmückt war. Nach dem gemeinsam gesungenen Choral „Großer Gott, wir loben dich", einem Gebet und der Verlesung des 46. Psalms hielt Landespropst Hoeflich seine Predigt, der er den alttestamentlichen Text aus Sprüche 16 zugrunde legte: „Einen jeglichen dünken seine Wege rein; aber der Herr wägt die Geister. Des Menschen Herz erdenkt sich seinen Weg; aber der Herr allein gibt, daß er fortgehe."

Landespropst Hoeflich erinnerte daran, daß zur gleichen Zeit, als das Reiterdenkmal geplant worden sei, der Bau der Christuskirche begonnen worden sei. Auch in der Kirche habe man, wie am Denkmal, eine ehrende Tafel angebracht mit fast 1500 Namen, ebenso wie in der Eingangshalle der katholischen Kirche die Namen derer vermerkt sind, die in den Aufständen ihr meist junges Leben gelassen haben. „So stehen seit Jahrzehnten das Denkmal und die Kirche in Nachbarschaft zueinander. Mit Bedacht wurde die Kirche Christuskirche genannt: Christus, der König des Friedens, ein Symbol dafür, ein Mahnruf an die Menschen dieses Landes ,Der Mensch lebt nicht vom Brot allein' und ,Des Menschen Herz erdenkt sich seinen Weg; aber der Herr allein gibt, daß er fortgehe'." — Er sprach dann von dem Denkmal als Zeichen der Erinnerung, das aber gleichzeitig den Weg in die Zukunft weisen wolle. Wer der Erinnerung aus dem Wege gehe, würde vor sich selbst fliehen und die Verantwortung scheuen. Nur wer um seine Verantwortung wisse für das, was er im Leben tue, würde nicht der Verantwortung die Flucht ergreifen, sondern sei bereit, sich damit auseinanderzusetzen. Genauso sei es auch im Leben der Völker. Wenn hier Menschen zur Verantwortung bereit seien, würden Denkmäler, unsichtbar, errichtet, die Wegweiser in die Zukunft seien, in die Ewigkeit seien, zum ewigen Gott, der wider allen Augenschein der Herr der Geschichte und der Völker sei.

Dann gedachte Landespropst Hoeflich des von Verantwortung durchdrungenen Waterberg-Kämpfers Estorff, der auf die innere Sauberkeit jeglichen soldatischen Dienstes stets hielt und wußte, wieviel innerer Ueberwindung es bedarf, wenn der Soldat sich bewähren und bestehen soll. Er erinnerte an die vielen Kämpfe und Leistungen der einzelnen, von denen kein Heeresbericht meldet. Die Tatsache, daß unser heutiges Leben auf den Opfern anderer beruhe, dürfe niemals vergessen werden.

Wörtlich fuhr Landespropst Hoeflich dann fort: „Heute ist die Frage an uns: Haben wir den inneren Sieg errungen? Haben wir die Ueberlegenheit des weißen Menschen so vorgelebt, daß sie überzeugend gewirkt hat? Sind wir uns immer der großen Verantwortung bewußt, die wir gerade in unserem Südwester Land zu übernehmen haben? Man kann Sorge bekommen um die Zukunft, wenn man auf dem Geist des Materiellen fußt, der gerade auch in der jüngeren Generation sich ausbreitet, des Nachlassens der inneren Kraft, der Gleichgültigkeit in ernsten Lebensfragen. Man kann sich sorgen aus Liebe zu Land und Volk, dem Gott so viel Anlagen und Fähigkeiten gegeben hat."

Abschließend betonte er, daß wir als Christen Gott gegenüber verantwortlich seien für das, was wir tun oder unterlassen. „Möge der ewige Gott es uns schenken, daß die großen Aufgaben, die zu erfüllen sind, bereite Herzen und Hände finden, Menschen, die um ihre Verantwortung wissen, heute und in Zukunft."

Dann intonierte die Orgel das Lied vom guten Kameraden. Mit dem Vaterunser schloß der Festgottesdienst.

Historische Rückschau

Nach dem Gottesdienst wurde die Ausstellung in der Alten Feste besichtigt, die in ein historisches Museum umgewandelt werden soll. Museumsdirektor Steyn betonte in seiner Ansprache, daß weitere Ausstellungsstücke sehr willkommen seien. Gezeigt wurden alte Gewehre, Schutztruppenuniformen, Münzen und Orden, Postkarten und Fotos aus der deutschen Zeit. Der Sekretär von Südwestafrika, C. F. Marais, hatte die Sondergenehmigung erteilt, die schwarzweißrote Kriegsfahne des kaiserlichen Deutschlands für drei Stunden am Eingang des Gebäudes zu hissen.

Geselliges Treffen am Vorabend

Windhoek (AZ). Bereits am Vorabend zu der 50-Jahrfeier des Reiterdenkmals hatten sich die Alten Kameraden zu einem geselligen Abend im Hotel Stadt Windhoek getroffen, zu dem auch der Konsul der Bundesrepublik Deutschland, Fr. Strusch, mit seiner Gattin, sowie stellvertretende Bürgermeister J. Levinson und Museumsdirektor W. Steyn erschienen waren. Ein 90jähriger Schutztruppler, der 1894 als erster Stabstrompeter ins Land kam, war bei dieser Feier auch anwesend. Im vollbesetzten Saal begrüßte der Vorsitzende der Ortsgruppe Windhoek der Alten Kameraden, L. Schrader, die Gäste und Mitglieder. Er dankte der Administration für ihr großes und einzigartiges Entgegenkommen. Dann zitierte er einige Auszüge aus dem Südwester Reisebericht des österreichischen Journalisten W. Oberleitner, der ebenfalls die Verdienste der Schutztruppe zur Sicherung von Frieden und Ordnung hervorgehoben habe.

Dann sprach der Konsul der Bundesrepublik, Fr. Strusch, rückschauend davon, was außer dem Denkmal selbst aus der Zeit, da es Symbol wurde, auf unsere Tage überkommen sei. Er erinnerte an die Wandlung des Geschichtsbildes in diesen 50 Jahren. Während man 1912 Sinn und Zweck der Geschichte im Nationalstaat sah, als dessen Symbol das preußische Herrscherhaus der Hohenzollern galt, vertritt man heute eine planetarische Geschichtsauffassung, bei der es in allen wichtigen Fragen keine Isolation, kein Entweichen in unbesetzte Räume gebe; alles wirke auf alles und alle auf alle. — Neben diesem Wandel der Zeiten, der uns alle erfaßt, gebe es das Bleibende, die echten Maßstäbe unseres Handelns. Und auf diese Maßstäbe des alten Preußentums, in dessen Tradition die Schutztruppe fest stand, weise der deutsche Reiter in Windhoek hin. Preußentum, nicht wörtlich genommen, bedeute gute deutsche Pflichterfüllung, Disziplin, Unterordnung unter das Staatswohl, höchste Leistung zum Wohle des Ganzen. Mit dieser Gesinnung und Haltung sei um die Jahrhundertwende von der deutschen Verwaltung mit Hilfe der Schutztruppe und der deutschen Siedler Ordnung in Südwest geschaffen und die Grundlage für eine friedliche Entwicklung gelegt. Mit Pflichtgefühl, Redlichkeit, Anständigkeit und Hingabe an die neue Heimat Südwestafrika sollen auch die Kinder weiterwirken, nicht im eigenen oder alten nationalen Interesse, sondern im Sinne Herders, der verlangte, daß jeder auf die ihm eigene Art im großen Konzert der Völker mitspiele zum Besten des Ganzen und loyal dem gegenüber, der das Konzert — d. h. das Land — dirigiert.

50 Jahre Reiterdenkmal - 27.1.1962

Weitere Darbietungen folgten: der vom Konsulat zur Verfügung gestellte Farbfilm „Begegnung mit Deutschland" wurde vorgeführt; Frau Graser, die kürzlich ihr 50jähriges Landesjubiläum feierte, trug ein Gedicht über den Südwester Reiter vor; Capt. Kerby richtete herzliche Glückwünsche namens der südafrikanischen Atsoldaten an die Alten Kameraden; für den Verband ehemaliger Angehöriger der deutschen Wehrmacht sprach I. J. Walbaum die Glückwünsche; Frau Ihlenburg sang zwei Lieder, und Farbdias wurden vorgeführt. Bis Mitternacht saß man in froher Stimmung beieinander.

Quelle: Allgemeine Zeitung, 29.1.1962

Schmalspur-Eisenbahn vor dem Reiterdenkmal 1964

Im Vordergrund die zur Schau gestellte Schmalspur-Eisenbahn, das Reiterdenkmal und die Christuskirche. 1964.
Quelle: NMN/NAN Archiv, Nr. 27990

Das Reiterdenkmal mit der Christuskirche im Hintergrund. Datum unbekannt.
Quelle: NWG Archiv, Nr. 3625-17

Vom Denkmalstatus bis zur Unabhängigkeit - 1969-1990

Proklamation zum nationalen Denkmal - 2.1.1969

a. "Reiterdenkmal" (Proclamation no. 045/1969).

i.

Classification	A.09.1. Statues and Shrines, Military Memorials
Proclamation No	045/1969
Place	Windhoek, Robert Mugabe Ave.
Region	Khomas
Site Environment	In an ensemble with the "Alte Feste", the Christ Church and the "Tintenpalast".
Instangible Aspects	Famous landmark.
Refences	Official Gazette 2951, No. 1, 1969. Vogt, Andreas, "National Monuments in Namibia", Windhoek 2004, p. 103-105.
Legal Status	Declared as National Monument on 02.01.1969 by the Historical Monuments Commission for South West Africa (HMC).

1. The " Reiterdenkmal" is detailed as follows on the Namibia Herita Council website[1] (accessed on 21st **January 2014**)

http://www.nhc-nam.org/site_info.php?id=83&site=Equestrian%20Statue

a. Section 5. (1) b of the National Heritage Act, 2004, describes as a "Function of the Namibia Heritage Council" (quote from the Act) - *to identify, conserve, protect and manage places and objects of heritage significance;*

(Footnotes)

1   http://www.nhc-nam.org/site_info.php?id=83&site=Equestrian%20Statue

Proklamation zum nationalen Denkmal - 2.1.1969

HISTORICAL BUILDINGS

DISTRICT	Windhoek
TOWN	Windhoek
STREET	Leutwein Street
NAME OF BLDG. / FARM	'Reiter von Südwest'
ERF / PLOT NO.	3549
SIZE	17/33
TYPE	monument (equestrian)
PERIOD	Wilhelminian
ARCHITECT / BUILDER	sculptor Adolf Kürle
ERECTED	1911/12
DOCUMENTS	Archives, Führer 1916, Admin.Works Dept.

DESCRIPTION		CONDITION
		very good
FOUNDATION	natural stone	
WALLS		
ROOF		
WINDOWS		
DOORS & GATES		
FLOORS INSIDE		
WALLS INSIDE		
CEILINGS		
STEPS & STAIRCASES	natural stone	
ACHITECTURAL PART.		
OUTBUILDINGS		
RELATIONSHIP TO ENVIRONMENT		

PROTECTION PROPOSED

GRADE
100

A

ultra press 8986b

53

Quelle: Touristenführer und Stadtplan Windhoek 1976. Sammlung Herman van Wyk

Heldengedenktag - 11.11.1979

Der südwestafrikanische Generaladministrator M.T. Steyn legt am Heldengedenktag im Jahre 1979 einen Kranz am Reiterdenkmal nieder.
Quelle: Foto aus dem Artikel „Hundert Jahre Reiterdenkmal" von Dr. Andreas Vogt.
Erschienen in den Mitteilungen der Namibia Wissenschaftlichen Gesellschaft,
Nr. 53 Januar - April 2012.

Heldengedenktag - 10.11.1985

Heldengedenktag

Generaladministrator Adv. Louis Pienaar mit seiner Gattin bei der Ankunft zu den Feierlichkeiten am Gedenkkreuz. Mitglieder der SWA Gebietsmacht, Vertreter der MOTH, der Kameradschaft Deutscher Soldaten, der Pfadfinder, der Girl Guids und des Roten Kreuzes waren aufmarschiert. Die Öffentlichkeit zeigte nur wenig Interesse an der Ehrung der Gefallenen. Verdienen jene, die das Leben für unser Land ließen und somit auch für die Bevölkerung keine Ehre?

Mit der Militärkapelle SWA-Gebietsmacht marschierten Vertreter der MOTH, der Alten Kameraden, der Pfadfinder, des Roten Kreuz und der Schulen vom Gedenkkreuz zum Reiterdenkmal, wo die Feierstunde fortgesetzt wurde.

Quelle: Allgemeine Zeitung, 11.11.1985

Heldengedenktag - 9.11.1986

Gedenkfeier für gefallene Soldaten

Der Ausschuß für Gedenkfeiern der Soldaten lädt jeden Einwohner von SWA zu einer Kranzniederlegung am Denkmal für Gefallene in der Leutweinstraße ein, die am Sonntag, 9. November, um 10.15 Uhr stattfindet. Kurz danach wird eine zweite Gedenkfeier am Reiterdenkmal veranstaltet. Beide Feiern finden zu Ehren all jener Soldaten statt, die ihr Leben im Einsatz für ihre Heimatländer während der beiden Weltkriege und auch im heutigen Konflikt an der Grenze von SWA/Namibia verloren.

Quelle: Allgemeine Zeitung, 7.11.1986

Anmerkung der Redaktion:
Die zwei Kanonen der Unionstruppen
wurden von der Schutztruppe bei
der Schlacht von Sandfontein
am 26.9.1914 erobert.

Das Reiterdenkmal mit den beiden erbeuteten Kanonen. Datum unbekannt.
Quelle: NWG Archiv, Nr. 2125-13

Deutsch-Südwestafrika

Mit freundlichen Grüssen überreicht von
P. Hantermann
M/2.

Originalgröße

DEUTSCH - SÜDWESTAFRIKA
1912   1987
NAMIBIA

· 999 ·   5   UNZEN

10 Tage Rückgaberecht

27.1.1912

Zum ehrenden Andenken

»75 Jahre Reiter-Denkmal in Windhuk«

1912–1987   Seltene Fünf-Unzen-Feinsilber-Ausgabe   zu Ehren

der Deutschen Schutztruppe im einstigen DEUTSCH-SÜDWESTAFRIKA.

Anläßlich des 75. Jahrestages der Enthüllung des Reiterdenkmals in Windhuk, wo es heute noch steht, offerieren wir Ihnen ein gewaltiges 5-Unzen-Jubiläumsstück.

Limitierte Weltauflage: 2000 Exemplare, Gewicht 155,5 Gramm, Feinsilber 999/1000, Durchmesser 65 mm.

Die Prägung erfolgte in feinster polierter Platte und wird geschützt in einer Plastikkapsel mit dunkelblauem Etui geliefert.   **DM 295,–**

Weiteres Informationsmaterial auf Anfrage kostenlos.

A. KLEMENT
Postfach 1647 · 8730 BAD KISSINGEN
Telefon (09725) 1320 · Telex 673288 kleme d

Quelle: Heinz Pulon, 1987

Reiterfonds gegründet

„Reiter von Südwest" bald in Swakopmund?

Die Reiterstatuette, ein Modell des Berliner Bildhauers Carl Möbius (20. Mai 1876 bis 1946) befand sich seit 1916 in Familienbesitz. Jetzt wird sie zum Verkauf angeboten. Damit jedoch keine Ausländer mit dem Finanzrand diese historische Figur erwerben, wird der Versuch unternommen, sie der Öffentlichkeit durch die Gründung eines „Reiterfonds" zu erhalten. Dann soll sie im Swakopmunder Museum unterkommen.

● *Foto: Dr. Mossolow Sammlung*

Windhoek (Fe)

9 000 Rand werden benötigt. Dann könnte „Der Reiter von Südwest" demnächst im Swakopmunder Museum untergebracht werden. Das Museum (Postfach 361) hat unter Detlef Keibel einen Spendenfonds ins Leben gerufen, damit eine Statuette des Reiterdenkmals dem Lande erhalten bleibt. Der Gedanke kam einem Antiquitätenhändler, A. Walkden-Davies.

Ihm lag, wie er im Gespräch mit der AZ ausführte, vor allem daran, die Statuette, die sich seit etwa 1916 im Besitz einer Farmerfamilie befand, im Lande zu halten.

Es gebe drei dieser kleinen Figuren von Carl Möbius, dem Berliner Bildhauer. Eine sei vom Grab Major Scultetus in Swakopmund genommen worden, da sie dort all zu sehr den Witterungsbedingungen ausgesetzt war. Die zweite befindet sich im Berliner Museum. Die dritte soll dem Lande erhalten bleiben. Das Swakopmunder Museum erklärte sich bereit, ihr einen prominenten Platz einzurichten.

Das Windhoeker Reiterdenkmal wurde am 27. Januar 1912 zum Geburtstag des Kaisers enthüllt. Vorher hatte ein Wettbewerb für Bildhauer stattgefunden, den Adolf Kürle aus Kassel gewann. Er erhielt nach seinem Tode noch von Kaiser Wilhelm II. den Orden „Roter Adler 4. Klasse". Verschiedene Bildhauer hatten an dem Wettbewerb teilgenommen, der zur Errichtung des Reiterdenkmals als Idealisierung des Schutztrupplers in voller Uniform führen sollte. Carl Möbius wurde von der Mehrheit der Jury als Sieger angewiesen, aber das Schutztruppenkommando beschloß, die Skulptur von Adolf Kürle zum Denkmal vergrößern zu lassen.

An der Feierlichkeit im Hotel „Grüner Kranz" nahmen etwa 80 prominente Gäste teil, darunter Major Franke, Oberst von Heydebreck und Gouverneur Dr. Seitz.

Wie die AZ kurz vor Redaktionsschluß erfuhr, erfreut sich der Fonds bereits der ersten Spenden von prominenten Geschäftsleuten und Bürgern des Landes, die sich für die Statuette interessierten. Die AZ wird von Zeit zu Zeit die Spendenliste veröffentlichen.

Quelle: Allgemeine Zeitung, 26.8.1987

Es gibt viele
Reiter-Statuetten

AZ-Leser reagieren auf „Reiterfonds"

Eine Leserin wies die AZ gestern darauf hin, daß der Entwurf des Künstlers A. Kürle 1910 ursprünglich wohl abgelehnt wurde, weil Reiter und Pferd des Denkmals in verschiedene Richtungen blicken, während das „Feldzugsdenkmal im Schutzgebiet" den Reiter in Aktion darstellen sollte. Aus dem Protokoll der Sitzung vom 7. März 1910 geht hervor, daß das Richterkollegium im Königlichen Zeughaus zu Berlin den einstimmigen Beschluß faßte: „Die Ausführung ist bei der heutigen Sitzung nicht zu vergeben, da keiner der eingesandten Entwürfe ohne Änderung hierfür geeignet erscheint." Bei der sogenannten zweiten Konkurrenz durfte jeder Künstler nur einen Entwurf bis zum 2. Mai 1910 um 12.00 Uhr mittags einreichen. Dafür konnte keine Entschädigung gewährt werden, da keine Mittel mehr verfügbar seien. Vorher hatte jeder Künstler 800 Mark für die Teilnahme erhalten. Die Aufnahmen zeigen links den „Reiter von Südwest" vor der Alten Feste und rechts die Stat... Künstlers Möbius, für die ein öffentlicher Fonds eingerichtet wurde.

Windhoek (Fe)

Nachdem die AZ am Mittwoch berichtete, daß für eine Möbius-Statuette des „Reiters von Südwest" ein Sonderfonds eingerichtet wurde, damit die Bronzefigur dem Lande erhalten bleibt, meldeten sich inzwischen zwei Leser, die von weiteren Statuetten wissen. Eine befindet sich seit 1978 in Privatbesitz in Pretoria, eine weitere, die dem Arzt Dr. Kahle zum Abschied aus der Schutztruppe überreicht wurde, kam von Hochfeld nach Somerset West. Daneben hatte die AZ am vergangenen Mittwoch drei Statuetten identifiziert.

Forschungen im Windhoeker Archiv, das ebenfalls auf den AZ Bericht reagierte, ergaben, daß die Afrika-Post schon 1913 schrieb: „(Möbius) erstes Werk, das Aufsehen erregte und seinen Namen weiteren Kreisen bekannt machte, war der südwestafrikanische Patrouillenreiter, von dem verkleinerte Bronze-Statuetten in den Besitz unseres Kronprinzen, des Prinzen Eitel Friedrich und aller Kommandos der Schutztruppen übergegangen sind."

Möbius hatte damals die silberne Medaille für diese Statuette errungen und als Pendant zum Reiterdenkmal die Kamelreiter-Statuette des in SWA gefallenen Hauptmanns von Erckert geschaffen.

Die „Swakopmunder Zeitung" berichtete bereits 1910, daß „von den neuen Entwürfen für das Andenken an die in den Aufständen Gefallenen" ein Preisrichterkollegium dem Bildhauer Kürle den Preis zusprach. „Auch Seine Majestät der Kaiser hat sein Einverständnis mit der getroffenen Wahl erklärt."

Im Juni 1911 heißt es, das „Feldzugsdenkmal in Windhoek" gehe seiner Vollendung entgegen. Am 27. Januar 1912 wurde es eingeweiht.

Wie war es zu der „zweiten Konkurrenz" gekommen? Das Schiedsgericht für den Wettbewerb des „Kommando der Schutztruppen" konnte im ersten Durchgang keinen der eingesandten Entwürfe für geeignet halten. Professor Walter Schott, Bildhauer Constantin Starck, Major Bender, Hauptmann Böttlin und Professor

Fortsetzung auf Seite 3

● Fortsetzung von Seite 1

Reinhold Begas erklärten mit 4:1 Stimmen, daß die künstlerische Bedeutung durch Preise gelobt werden könne. Der Umschlag mit dem Kennwort „Schwarz-weiß-rot" erhielt 3 000 Mark. Der Umschlag mit dem Kennwort „Hie Kaiser und Reich" 2 000 Mark und der Umschlag „Hurra, der Sieg ist unser" 1 000 Mark. Alle Entwürfe sollten jedoch geändert werden. Hinter den Kennworten versteckt waren die Bildhauer Albert Moritz Wolff, Hans Weddo von Glümer und Adolf Kürle. Karl Möbius und Otto Riesch erhielten für die Teilnahme 800 Mark.

Die Preisrichter forderten, daß die Künstler nochmals in engerer Konkurrenz Figuren entwerfen sollten, die schlichter und ruhiger seien. Von Glümer sollte „die Figur des erschlagenen Eingeborenen beseitigen". Bei dieser zweiten Konkurrenz siegte Kürle, dessen Reiterstandbild heute noch vor der Alten Feste in Windhoek steht.

Quelle: Allgemeine Zeitung, 28.8.1987

CONTROVERSIAL STATUETTE MIGHT LEAVE COUNTRY!

In a Windhoek antique shop, the Camel Thorn, in the same street as the former Alambra Theatre, a small bronze statue surfaced that might spark a big controversy.

It is alleged that the German sculptor, Carl Möbius who was born near Leipzig in 1876, entered this model for the Schutstruppe Rider of South West memorial and actually won the first prize.

After Sylvia WalkdonDavies of the antique shop had made some enquiries into the equestrian statuette's historical background, she became convinced that this bronze might be of considerable importance.

'I believe then, that it should not be sold to a private collector or perhaps even an overseas collector, but that it should remain in South West Africa.'

The anonymous seller's price is R9 000. This did not deter Dieter Kiebel, chairman of the Swakopmund museum from enthusiastically starting a fund to raise money and acquire the statuette, and contributions can be sent to: The Reiter Fund, Swakopmund Museum, P O Box 361, Swakopmund.

But now the controversy begins.

The idea to have a monument to commemorate the German soldiers and civilians who died during the 19031907 Herero and Hottentot uprisings is attributed to General von Estorff.

According to Prof Nico Roos in his book 'Art in South West Africa', only five artists entered for the Reiterdenkmahl in Germany. Moritz Wolff won, von Glümer came second and Adolf Kürle, whose statue was finally accepted, third. Because von Wolff's statue was unacceptable and could not be erected in Windhoek, Kürle's and Möbius' entries were reconsidered. Von Wolff's statue was posted to a more suitable environment - Swakopmund and became the Marine infantry memorial.

Adolf Kürle was present when his statue was unveiled on the Kaiser's birthday -January 27 1912.

Not so, if Dr Mossolows Windhoek, 3 historical landmarks is consulted, he writes that 6 sculptors, among them Wolff, Kürle and Möbius were invited to submit designs to a board of selectors. The Schutztruppe command liked Adolf Kürle's work better and commissioned him to do the work.

A third opinion was published by Prof Otto Schröder in an article titled 'Das Reiterdenkmal zu Windhoek' in 'Die Muschel' 1961. At least he agrees with the above sources that Kürle was the sculptor of the Rider of South West, as we know it today, but his first name was Rudolf.

The Marine Infantry Memorial at Swakopmund, where the one wounded soldier guards his fallen comrade, he suggests was a different commission of A Wolff. Incidentally, this

Reiterfonds gegründet

monument, unveiled in 1908, was the first sculptoral work of significance in the country. This monument was meant for the capital but the government architect Redecker thought that this sculpture did not convey a triumphant message and thought it unsuitable. A point of view shared by the Governor von Schuckman who wrote to Berlin in 1907 to suggest that the internal political climate was wrong for such a marine memorial. Perhaps it would be more fitting to raise it at Swakopmund which was the harbour of the marine infantry.

In the Reiter competition, Prof Schröder's account has it that A Wolff won the three thousand Mark first prize. Second was H von Glümer and third Adolf Kürle with his work triumphantly titled: 'Hurrah, der Sieg ist unser' (Hurray, victory is ours). Now Otto Riesch and, mentioned for the first time, Carl Möbius, both got consolation prizes.

Thus, according to some, this model of the rejected rider is important and other sources do not render it too valuable. If Prof Schröder's facts are correct, the small equestrian statue is no more than an interesting conversation piece, of no great historical value.

Dr Mossolow's account, if that is to be believed, makes Möbius' bronze an historical artefact that should be cherished. Three of the statues were traced in the country. It is rumoured that there might

be seven. In the light of the contradictory information that came to light, the R9 000 price tag might be too expensive and the fund started in Swakopmund, premature.

The 'Rider of South West' perched on the hill near the Christus Kirche might have looked like this. This bronze statuette was done by Carl Möbius at the beginning of the century.

Quelle: Windhoek Observer, 5.9.1987

Notizen zum Reiterdenkmal
Margarete Kreutzberger

In den Mitteilungen der Namibia Wissenschaftlichen Gesellschaft Nr. 41:1-3, 2000 finden wir einen Artikel von Andreas Vogt mit dem Titel: „Bronzefigur findet ein neues Zuhause".

In Absprache mit dem Verfasser gehen wir hier noch einmal auf dieses Thema ein, das ganz offensichtlich einen weiten Personenkreis interessiert.

Wer kennt nicht das Reiterdenkmal in Windhoek, von Einheimischen und Touristen viel besucht, bewundert oder auch kritisiert? Aber hier soll nicht so sehr von diesem Denkmal die Rede sein, über das schon mehrfach geschrieben wurde, sondern von den vorausgehenden Entwürfen und deren Geschichte.

Andreas Vogt schreibt: „Es war die Idee des Kommandeurs der Kaiserlichen Schutztruppe für Deutsch-Südwestafrika, des späteren Generals Ludwig von Estorff (1859-1943), die in den Eingeborenenaufständen Gefallenen durch ein würdiges Denkmal zu ehren. Er trat gegen Ende des Jahres 1907 mit der Bitte an die Öffentlichkeit, dem Denkmalfond beizusteuern. Beträchtliche Summen wurden sowohl in Deutschland, als auch im Lande selbst aufgebracht. Eine Reihe von Berliner Künstlern, darunter Hans Weddo von Glümer, Adolf Kürle, Carl Möbius, Otto Risch, Joseph Uyshues und Albert Moritz Wolff wurden aufgefordert, Denkmalsentwürfe für die gefallenen Soldaten einem Preisrichterkollegium vorzulegen. Dieses bestand aus Professor Reinhold Begas (dem Schöpfer des Denkmals für Kaiser Wilhelm I. am Spreeufer in Berlin), Walter Schott, dem Bildhauer Konstantin Saran, Major Bender von dem Kommando der Schutztruppe und Hauptmann Böttlin, der früher bei der Schutztruppe in Südwestafrika gedient hatte."

Angenommen in letzter Instanz wurde der Entwurf von A. Kürle, der Entwurf von C. Möbius, obwohl von dem Preisrichterkollegium mit dem ersten Preis bedacht, aber von den Auftraggebern abgelehnt, weil ihnen die geduckte Haltung des spähenden weniger gefiel als die Siegerpose des heimkehrenden Reiters. Da schauen Reiter und Pferd in verschiedene Richtungen. Das ist wohl der Grund für die oft wiedergegebene Mär, das Pferd habe den Feind schon gesehen, nicht aber der Reiter. Dagegen spricht die vorgeschriebene Siegerpose des Reiters, er war nicht mehr im Feld, er hatte den Kampf hinter sich.

Wenn er auch nicht der Sieger in der Ausschreibung geworden war, ging der Berliner Bildhauer C. Möbius doch nicht leer aus. Er bekam für seinen Entwurf eine Staatsmedaille. Eine verkleinerte Bronzestatue erhielten der Kaiserliche Kronprinz Eitel Friedrich, die Kommandos der Schutztruppe und verdienstvolle Offiziere als Anerkennung. Von einigen dieser Statuetten wissen wir nicht genau, wo sie geblieben sind, aber den Weg eines dieser Bronzereiter können wir genau verfolgen. Er wurde von der Familie Scultetus, den Nachkommen des altbekannten Schutztruppenoffiziers, dem Swakopmunder Museum zu treuen Händen übergeben und kann dort bewundert werden. Eine Plakette am Fuße des Reiters besagt: „Dem scheidenden Hauptmann Scultetus das Offizierkorps der Schutztruppe für Deutsch-Südwestafrika 1911 - 1920." Der „Reiter" blieb bei ihm über seinen Tod hinaus, eingefügt in eine Nische seines Grabsteines. Aber das Küstenklima ist allem Metall abhold, die kleine Figur erodierte. „Deshalb", und hier zitieren wir wieder Andreas Vogt, „entfernte man sie, um sie am Zaumzeug und Schweif von einem kundigen Restaurateur sachgemäß restaurieren zu lassen." Diese Maßnahme hinterließ bei der Bevölkerung den Eindruck, der „Reiter" sei gestohlen. Nachdem er jedoch wieder hergerichtet worden war, erhielt er seinen alten Platz zurück, nun aber hinter einer Schutzscheibe aus Plexiglas. Pferd und Reiter schauten wieder über das Grab. 1980 erkundigte sich die Stadtverwaltung Swakopmunds, ob die Familie Scultetus ihr die Statuette nicht übergeben wolle. Dazu war diese jedoch nicht bereit und nahm fortan das Kleinod selbst in Verwahrung. Anstelle der Figur kam nun eine Abbildung derselben in die Nische des Grabsteins, die allerdings im Laufe der Jahre immer mehr verblaßte, bis sie wieder entfernt und die Nische endgültig zugemauert wurde.

Wie Herr Reinhold Mertens zu berichten weiß, sind noch eine ganze Reihe anderer Replika erhalten. Er selber ist glücklicher Besitzer einer solchen, von manchen weiß man genau, wo sie geblieben sind, von anderen kann man es nur vermuten. Im ganzen mögen zehn dieser kleinen Kunstwerke existieren.

Sollte ein geneigter Leser, eine ebenso geneigte Leserin noch Informationen zu diesem Thema haben, dann, bitte, lassen Sie es uns wissen.

Quelle: Sam Cohen Nachrichten - Vol. 32. Heft I. 2000. S. 26-29

Die 26cm hohe Statuette ist aus Bronze gefertigt und weist leichte Korrosionschäden auf, die ihrem Reiz allerdings keinen Abbruch tun. Kleine Reparaturen wurden am Zaumzeug und an dem Pferdeschwanz durchgeführt. Anders als beim Reiterdenkmal ist der Reiter hier mit Kochgeschirr, Satteltaschen und Decken ausgestattet. Die Inschrift auf dem Sockel lautet "Dem scheidenden Hauptmann Scultetus, Offizierskorps der Schutztruppe für DSWA 1911-1920."

Der Leiter der GfWE und Kustos des Swakopmunder Museums, Herr Michael Weber, mit der Reiterstatuette des Künstlers Carl Möbius.

Quelle: Andreas Vogt. Mitteilungen der Namibia Wissenschaftlichen Gesellschaft - Nr. 41:1-3, 2000. S. 29-31

Das Reiterdenkmal in der Gesellschaft - Philatelie

*Briefmarken mit dem Motiv des Reiterdenkmals
und der Alten Feste, 23.7.1975.
Quelle: Sammlung Gunter von Schumann*

*Namib Air Gedenkumschlag - Am 7.7.1987 wurde der erste Linienflug dieser Fluggesellschaft
zwischen Johannesburg und Windhoek eingeleitet.   Quelle: Sammlung Gunter von Schumann*

*Am 15.11.1954 wurde diese 1½ cent Briefmarke herausgegeben als das Briefporto erhöht wurde.
Quelle: Sammlung Gunter von Schumann*

Postkarte mit Poststempel

NATIONAL STAMP EXHIBITION
NASIONALE SEËLUITSTALLING
NATIONALE BRIEFMARKENAUSSTELLUNG
"WINDHOEK 100"   17/10/90-20/10/90

1890-1990
WINDHOEK

Briefkopf der Windhoek Philatelie Vereinigung

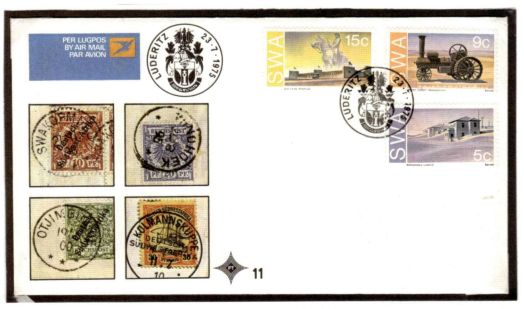

Philatelie Ersttag Briefmarkenausgabe - 23.7.1975 - National Monuments in SWA

Quellen: Sammlung Gunter von Schumann

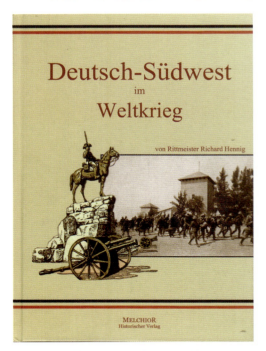

Quelle: Rittmeister Richard Henning,
NWG Bibliothek, 2011

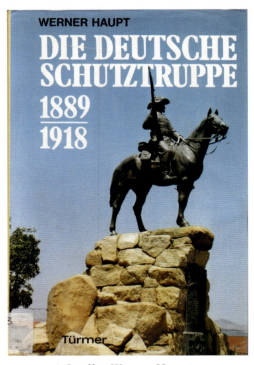

Quelle: Werner Haupt,
NWG Bibliothek, 1989

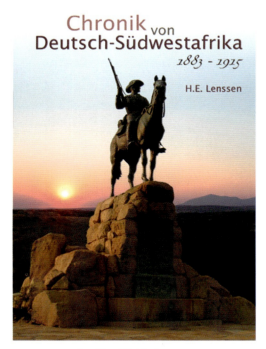

Quelle: H. E. Lenssen
NWG Bibliothek, 2005

Quelle: Rössing,
NWG Bibliothek, Mai 1997

Das Reiterdenkmal in der Gesellschaft - Buchumschläge

Quelle: Joe Pütz, Band I,
NWG Bibliothek, 1982

Quelle: Joe Pütz, Band II,
NWG Bibliothek, 1983

Quelle: Joe Pütz, Band I & II,
Foto aus dem Artikel „Hundert
Jahre Reiterdenkmal" von
Dr. Andreas Vogt.
Erschienen in den Mitteilungen
der Namibia Wissenschaftlichen
Gesellschaft,
Nr. 53 Januar - April 2012.

Quelle: Lisa Kuntze,
Sammlung Herman van Wyk, 1983

Gedichte

Der Reiter von Südwest

Zu Windhoek auf der Höhe
Da steht ein Reiter gut,
Ein Bild aus Erz gegossen,
In Sturm und Sonnenglut.

Hoch über ihm die Wolken,
Die Waffe in der Hand
So wacht er über dem Tale,
Blickt weit hinaus in's Land.

Im Lande draußen liegen
Die Gräber all' verstreut
Der vielen Kameraden
Aus ferner Kriegeszeit.

Dort ruh'n sie in der Stille.
Sie kannten nichts als Pflicht.
Wir stehen stumm und danken.
Vergessen sind sie nicht!

Ich denk; wenn ich dich sehe,
Du stiller Mann aus Erz:
Gib mir, wo ich auch stehe
Von dir das feste Herz.

Es stürmt die Zeit; wir reiten
Hinaus die Straße neu,
Wo Trug und Recht sich streiten
Dir, Reiter, bleib' ich treu.

Zu Windhoek auf dem Walle
Da steht ein Reiter fest.
Er steht für dich - für alle,
Der Reiter von Südwest.

E.F.O.

erschienen in AZ, 11.4.1963

Quelle: Allgemeine Zeitung, 20.5.1994

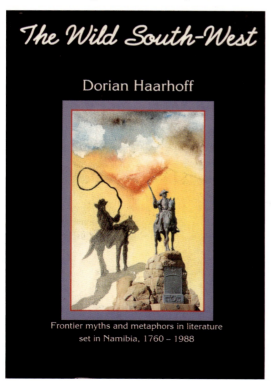

Quelle: Dorian Haarhoff,
Sammlung Herman van Wyk, 1988

Reiterdenkmal als Firmenlogo der Windhoeker Buchhandlung. 2014.
Quelle: NWG Archiv

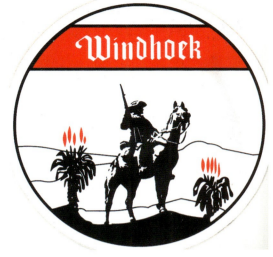

Aufkleber. 2014.
Quelle: Peter's Antiques

Reiterdenkmal als Firmenlogo von Keurwyne.
Quelle: Touristenführer und Stadtplan 1976,
Sammlung Herman van Wyk

Aufkleber. 2014.
Quelle: Peter's Antiques

Logo der Marke „Windhoek Beer". 2014.
Quelle: Conny von Dewitz

Reiterdenkmal auf Bierdeckeln.
Datum unbekannt.
Quelle: Armin Jagdhuber

Reiterdenkmal auf Biergläsern und -flaschen.
Datum unbekannt.
Quelle: Armin Jagdhuber

Reiterdenkmal auf Bierkrügen. 2014.
Quelle: Conny von Dewitz

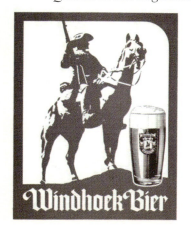

...das echte
Südwester Bier

THE SOUTH WEST BREWERIES LIMITED
WINDHOEK

Anzeige der South West
Breweries Ltd Windhoek.
Quelle: Touristenführer
und Stadtplan 1976,
Sammlung Herman van Wyk

Miniatur des Reiterdenkmals. 2014.
Quelle: Armin Jagdhuber

Miniatur des Reiterdenkmals. 2014.
Quelle: Armin Jagdhuber

Miniaturen des Reiterdenkmals. 2014.
Quelle: Armin Jagdhuber

Das Reiterdenkmal in der Gesellschaft - WIKA Karneval

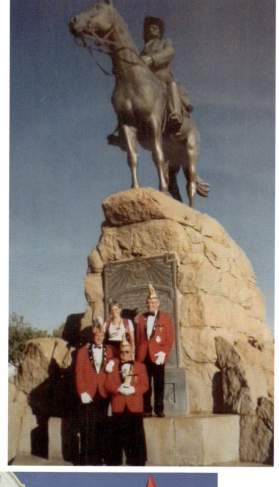

Reiterdenkmal auf Karnevalsorden von 1982.
Quelle: WIKA Museum

Mitglieder des WIKA Komitees vor dem
Reiterdenkmal. Datum unbekannt.
Quelle: WIKA Museum

Reiterdenkmal auf einem Umzugswagen. Datum unbekannt.
Quelle: WIKA Facebook Seite

Eine bewegte Zeit - 1991-2014

Der Denkmalsrat bittet um Unterstützung

Monuments Council Appeals For Support

WINDHOEK

THE NATIONAL Monuments Council will, in future, liaise with local communities in finding the cultural appropriateness of monuments.

This resolution was taken at the Council's recent meeting at which, among other things, an appeal was made to all mayors and their town councillors to provide it with information on the cultural appropriateness of monuments.

In a statement signed by the Council Chairman, Dr Peter Katjavivi, it was also noted, the question of gender issues will receive appropriate attention with a view to ensuring an equitable policy.

The Council has further reaffirmed its commitment to a balanced interpretation of the multiplicity and diversity of Namibia's national culture.

"These activities are part of the Council's on-going projects designed to effect national reconciliation in more positive ways," Katjavivi said.

The completion of the Heritage Bill; the issue of monuments that depict soldiers who fell fighting against administrations in the co-

PLEADING FOR SUPPORT: *Dr Peter Katjavivi*

lonial era; the proper registration of all the property that falls under the Council and the need to put greater emphasis on streamlining the Council's financial and personel activities to ensure efficient management, were identified at the meeting as priority areas.

The Council plans to solicit assistance from UNESCO and other international cultural agencies in order to upgrade its work in the following year, the statement said.

Quelle: New Era, 16-22.12.1993

Aufruf an die Deutschsprachigen

„Reiter-Initiative" auf Hochtouren

*So soll künftig der Gedenkstein (rechts) beim Reiterdenkmal aussehen. Eine kleine Ring-
mauer integriert das bestehende Denkmal und den Stein mit der Zusatzplakette. Ein
Ausschuß hat inzwischen die mögliche Beschriftung des Gedenksteins vorgeschlagen,
einen Aufruf an die deutschsprachigen Bürger Namibias gerichtet und Kopien davon an
Kulturminister Nahas Angula sowie den Vorsitzenden der Denkmalskommission, Dr. Peter
Katjavivi, überreicht. Diese Zeichnung hat Seltenheitswert: Kürzlich wurden andere
Vorschläge und sämtliche Unterlagen, 6 000 N$ sowie zwei Besitztitel aus dem Auto des
AGDS-Vorsitzenden Dieter Springer gestohlen.*

Windhoek (Fe)

Am 19. August war es soweit: Die Initiative
deutschsprachiger Namibier legte Kulturminister Angula
den Wortlaut eines Aufrufs an die Deutschsprachigen
vor und unterbreitete ihm einen Vorschlag zur
Beschriftung des Gedenksteins, der in unmittelbarer
Nähe des Reiterdenkmals angebracht werden soll.

*Eine von unabhängigen Buchprüfern verwaltete und von
der Allgemeinen Zeitung getragene Sammelaktion dient der
Finanzierung des Gedenksteins. Das Kennwort der
Spendenaktion: „Gedenkstätte", Postfach 2127, Windhoek.
Das Konto: First National Bank: Spendenkonto Nr. 550 904
037313*

Im Aufruf vom 24. August
heißt es: „Deutschsprachige
Bürger der Republik Namibia
ergreifen die Initiative zu
einem eigenständigen Beitrag

Fortsetzung auf Seite 3

Quelle: Allgemeine Zeitung, 25.8.1994

Die Reiter-Initiative

Fortsetzung von Seite 1

für ein umfassenderes Verständnis der gemeinsamen Geschichte der Menschen dieses Landes im Geiste der Versöhnung. Das Reiterdenkmal in Windhoek erinnert an einen Zeitabschnitt unter einem bestimmten Blickwinkel."

Auf einem Gedenkstein in unmittelbarer Nähe dieses kolonialen Denkmals soll eine Tafel angebracht werden, die aller Opfer kriegerischer Auseinandersetzung seit der Kolonisierung bis zur staatlichen Unabhängigkeit gedenkt. Diese Ergänzung soll an den historischen Werdegang erinnern, aus dem die freiheitliche Neuordnung unserer Gesellschaft erwuchs.

„Eine solche Aktion verstehen wir als bewußte Verpflichtung und Bekenntnis zur friedlichen Zukunft unserer Heimat, insbsondere in unserem Selbstverständnis als Beteiligte und Erben von über hundert Jahren neuerer Landesgeschichte. Die Initiatoren koordinieren dieses Projekt unter fachkundiger architektonischer Beratung und mit dem Nationalen Denkmalsrat", der inzwischen eine Vorlage des Vorschlags mit Skizze und Beschriftung erhielt. Die Initiatoren fungieren als Treuhänder und rufen zu einer Spendenaktion auf, mit der jeder das Vorhaben unterstützen kann. Die Namen der Spender werden - so weit nicht anders erwünscht -

wöchentlich ohne Angabe der Beträge in der AZ veröffentlicht. Ein Spendenbarometer verzeichnet die Fortschritte. Als Initiatoren unterschrieben diesen Aufruf: Eberhard Hofmann, Reinhard Keding, Dr. Henning Melber, Dr. Herbert Schneider, Dieter Springer, Hans-Erik Staby, Dieter Voigts. Und als Förderer: Die Kirchenleitung der Evangelisch-Lutherischen Kirche (Landespropst Keding), der Generalvikar des Römisch-Katholischen Erzbistums (Pater Bernhard Nordkamp), der Deutsche Kulturrat (Vorsitzender: Helmut von Leipzig) und die Namibisch-Deutsche Stiftung (NaDS, Vorsitzender: Dr. Henning Melber).

Ein Vorschlag zur Beschriftung des Gedenksteins lautet: „Wir gedenken im Geiste der Versöhnung aller Opfer kriegerischer Auseinandersetzung von Beginn der Kolonisierung bis zur staatlichen Selbständigkeit. Den Beteiligten und Erben von über hundert Jahren neuerer Landesgeschichte dient dieser Gedenkstein als Ergänzung zur Originaltafel am Reiterdenkmal.

Ein umfassendes Verständnis der gemeinsamen Geschichte der Menschen dieses Landes sehen wir als bewußte Verpflichtung und Bekenntnis zur friedlichen Zukunft unserer Heimat Namibia." Dieser Text würde auf Deutsch und Englisch angebracht werden.

Quelle: Allgemeine Zeitung, 25.8.1994

Herero-Stiftung unterstützt Reiterdenkmal-Initiative

Die Hosea Kutako Stiftung der Herero, die vor etwa einem Jahr gegründet worden war, hat kürzlich in einem Schreiben an einen Vertreter der Reiterdenkmal-Initiative die Errichtung einer zusätzlichen Beschriftung an dem Denkmal zu Ehren aller Gefallenen des Krieges zwischen den Herero und den Deutschen von 1904 bis 1907 begrüßt.

Die Reiterdenkmal-Initiative ist ja von mehreren Organisationen der Deutschsprachigen (NaDS und Kulturrat) sowie der evangelischen und katholischen Kirche vor geraumer Zeit gegründet worden, um das bekannte und symbolische Windhoeker Reiterdenkmal, das auf seiner Tafel bislang nur der gefallenen und getöteten Deutschen des damaligen Krieges gedenkt, um eine zusätzliche Gedenktafel für alle anderen Opfer zu erweitern. Diese Geste soll im Sinne der Nationalen Versöhnung auch ein äußeres Zeichen mit Symbolcharakter seitens der Deutschstämmigen sein. Eine solche Zusatztafel wird von einigen Gruppen und Personen der Deutschen jedoch abgelehnt, die den "Reiter" wie bisher belassen möchten und - wenn überhaupt - ein separates Denkmal für die anderen Opfer der Kolonialzeit befürworten. Dazu wurde auch die Frage aufgeworfen, ob die anderen Bevölkerungsgruppen, in diesem Fall vor allem die Herero, daran überhaupt ein Interesse haben.

Der Disput hat dazu geführt, daß der für eine Genehmigung zuständige Nationale Denkmalrat seit zwei Jahren noch keine Entscheidung getroffen hat.

*Quelle: Namibia Magazin Heft 2,
April 1997*

Reiter-Initiative vor Abschluß
Über 25 000 N$ wurden gespendet

Windhoek (Fe)

Die Reiter-Initiative neigt sich kurz vor Weihnachten nun doch dem Ende zu. Der ursprünglich als „Dank für Toleranz und nationale Versöhnung" von der AZ vorgeschlagene Gedanke nimmt konkrete Formen an (siehe Skizze). Über 25 000 N$ wurden eingesammelt.

Inzwischen möchten sich die Initiatoren bei allen bedanken, die die Idee, das Reiterdenkmal zu ergänzen, unterstützt haben.

In einem Schreiben der Initiatoren heißt es wörtlich:

Für einige Monate ist die Spendenaktion zur Ergänzung des Reiterdenkmals gelaufen. Eine Summe von 25 312 N$ ist inzwischen von Spendern eingegangen.

Die Initiatoren möchten sich bei allen bedanken, die die Idee, das Reiterdenkmal zu ergänzen, unterstützt haben. Es ging uns um ein Zeichen der Versöhnung und wir freuen uns, daß viele dieses Zeichen mitsetzen wollen.

Diese Initiative hat viele Reaktionen hervorgerufen. Reaktionen, die sich dafür und dagegen ausgesprochen haben. Anregungen aus der Bevölkerung haben die Initiatoren sowohl in der Gestaltung des Gedenksteins und den Text mit aufgenommen. Wir haben nun beschlossen, dem Nationalen Denkmalskomitee die hier abgebildete Gestaltung mit folgendem Text auf der Gedenkplatte als Ergänzung zum Reiterdenkmal vorzuschlagen:

„Als Beteiligte und Erben von über hundert Jahren neuerer Landesgeschichte gedenken wir im Geiste der Versöhnung aller Opfer kriegerischer Auseinandersetzung von Beginn der Kolonisierung bis zur staatlichen Selbständigkeit.

Als Bürger dieses Landes wissen wir uns verpflichtet, die friedliche Zukunft unserer Heimat Namibia in Gerechtigkeit und Freiheit gemeinsam zu gestalten.

In the spirit of reconciliation we, the Namibian heirs and participants of more than a hundred years of modern history, commemorate all victims of war since the beginnings of colonisation up to the attainment of national sovereignty of Namibia.

As citizens of this country we are committed to shape a peaceful future of our motherland Namibia in justice and liberty."

Wir bemühen uns nun um ein Gespräch mit den Verantwortlichen und hoffen, daß die Idee dann im kommenden Jahr verwirklicht werden kann.

Da die genauen Unkosten noch nicht festgelegt werden konnten, freuen wir uns über jede weitere Unterstützung.

Die Initiatoren

Quelle: Allgemeine Zeitung, 2.12.1994

Immer wieder machten sich die Initiatoren der „Reiter-Initiative" Gedanken über verschiedenste Entwürfe zum Text und der Anbringung der zusätzlichen Gedenkplakette. Zuletzt wurde diese Skizze der AZ vorgelegt: es scheint der endgültige Entwurf zu sein - ohne Mauer, die zum Stein des Anstoßes bei mehreren Diskussionen geworden war.

Die Reiterinitiative geht weiter

Allg. Ztg. 12.1.1996

Ende November 1995 fand eine Begegnung zwischen dem Vorsitzenden des Nationalen Denkmalrates, Prof. Peter Katjavivi, und verschiedenen Vertretern der Reiterinitiative und anderen interessierten Personen statt. Dieses Gespräch soll Anfang Februar unter Einbezug von Unesco-Experten fortgesetzt werden.

Die Initiative zur Errichtung eines weiteren Gedenksteines neben dem Windhoeker Reiterdenkmal und die damit verbundene öffentliche Sammelaktion hatten Ende 1994 und im vergangenen Jahr zur Diskussion in der Presse geführt. Der Denkmalsrat hat inzwischen auch einen Alternativvorschlag zur obengenannten Initiative erhalten. Beide Vorschläge wurden bei dem Gespräch mit Prof. Katjavivi ausführlich motiviert.

Seinerseits erläuterte Prof. Katjavivi die Aufgaben des Denkmalrates und bestätigte die Begegnung und Aussprache Mitte Dezember in einem Schreiben wie folgtÖ „Wir im Rat begrüßen und schätzen Ihr Interesse und Ihre Bereitschaft, uns bei den Überlegungen über mögliche Ergänzungen (adjustments) zu dem Denkmal zu engagieren."

„Wir sind in der Tat über die Diskussion über das Reiterdenkmal erfreut. Wir stimmen alle überein, daß das besagte Denkmal zu einer bestimmten Zeit der namibischen Geschichte gebaut wurde. Im Interesse einer ausgewogenen Geschichtsschau liegt uns jedoch daran, dafür zu sorgen, daß es anderen nicht zum Anstoß wird. Dazu beabsichtigen wir, durch Unesco, Experten zur Begutachtung und zu Ratschlägen zu solchen Denkmälern zu konsultieren. Für den Rat ist es wichtig, solche Empfehlungen einzuholen, damit eine gründliche Erwärung der Fra- ge vorgenommen werden kann." Prof. Katjavivi räumt ein, daß es sich um eine empfindliche Angelegenheit handelt. „Dennoch ist es unerläßlich, daß eine akzeptable Lösung für alle Interessierten gefunden wird. In diesem Zusammenhang bin ich durch den Geist der Zusammenarbeit ermutigt, den wir während unserer Begegnung erfahren haben. ich bin der Meinung, daß die verschiedenen Ansichten, die während unserer Begegnung zum Ausdruck kamen, durch die Besprechung weiterer Möglichkeiten Anfang Februar 1996 zu eienr gemeinsamen Grundlage gelangen werden."

Bei dem Gespräch war die Reiterinitiative von den folgenden Herren vertretenÖ Dr. Herbert Schneider, Hans-Erik Staby, Dieter Springer und Eberhard Hofmann. Die Vertreter eines Alternativvorschlages, d.h. Beteiligung an einem neuen Nationaldenkmal, waren die Herren Harald Koch und Oberst Radmore d.D.

Quelle: Allgemeine Zeitung, 12.1.1996

Die Reiter-Initiative

Denkmalsrat und Reiterinitiative

Windhoek - (Hf) Das Sekretariat des Nationalen Denkmalsrates hat am Mittwoch, 20. März 1996 folgende Erklärung herausgegeben:

Einberufen von Prof. Peter Katjavivi, Vorsitzender des Nationalen Denkmalsrates, trafen sich interessierte Gruppen, hauptsächlich aus der deutschsprachigen Gemeinschaft, im Zusammenhang mit einem Gedenkstein, der in der Nähe des Reiterdenkmals in Windhoek vorgesehen ist, im Büro von Prof. Katjavivi an der Universität von Namibia.

Die Sitzung fand im Anschluß an eine frühere Diskussion statt, die mit den gleichen Gruppen im November 1995 geführt wurde. Das Ziel dieses Treffens war, den Fortschritt im Hinblick auf die Finalisierung von Details eines solchen Gedenksteins in Augenschein zu nehmen. Das Motiv und die zugrundeliegende Erwägung zur Errichtung des Steines ist die ausdrückliche Vermittlung einer symbolischen Botschaft im Rahmen der Politik der nationalen Versöhnung. Der Vorsitzende versicherte

den Anwesenden, die Bearbeitung zu beschleunigen. Die Angelegenheit befindet sich nun in den Händen des Nationalen Denkmalsrates, der alle Vorschläge in diesem Zusammenhang erwägen wird.

Der Vorsitzende dankte den Anwesenden für die konstruktiven Vorlagen, die bei offener Aussprache vorgetragen wurden. „Es ist in der Tat ein wichtiges Treffen, wenn man es vor dem Hintergrund des 6. Jahrestages der Unabhängigkeit sieht", sagte Prof. Katjavivi.

Soweit der Wortlaut der Erklärung des Nationalen Denkmalsrates. -

Die Delegation, die bei Prof. Katjavivi auf dessen Einladung vorsprach, bestand aus fünf Mitgliedern der Reiterinitiative sowie aus sieben Personen, die weitere Vorschläge eingebracht haben.

*Quelle:
Allgemeine Zeitung,
22.3.1996*

*Reiterdenkmal mit doppelten
Regenbogen. Datum unbekannt.
Quelle: Gretel Keding*

Das Reiterdenkmal wird Opfer von Vandalen

Der Vandalismus aus der Sprühdose

Windhoek (az) - Die Beine und der Unterleib des Reiterdenkmals sind vorgestern mit goldener und silberner Sprühfarbe verunstaltet worden. Das Denkmal, welches sich heutzutage wohl eher als Mahnmal verstehen lässt, entspricht durchaus nicht der Geschichtsvorstellung eines jeden Namibiers, aber mittlerweile gehört es dennoch zu den Wahrzeichen Windhoeks. „Windhoek ist eine saubere Stadt, so etwas ist einfach geschmacklos", so Andreas Vogt vom Nationalen Denkmalsrat. Laut Vogt will die Stadtverwaltung so schnell wie möglich mit der Säuberung des Denkmals beginnen. Wie genau die Sprühfarbe entfernt werden soll, stehe noch nicht fest, da die Position des Reiterdenkmals dies erheblich erschwere.

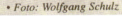

• Foto: Wolfgang Schulz

Quelle: Allgemeine Zeitung, 7.1.2000

Neuer Glanz für den Windhoeker Reiter

Windhoek (ws) - Gestern Vormittag begann die Windhoeker Firma ABC Cleaning Services mit den aufwendigen Säuberungsarbeiten an dem kürzlich mit Farbe besprühten Reiterdenkmal. Dafür stellt die Windhoeker Stadtverwaltung das Gerüst zur Verfügung, die Kosten übernimmt der Nationale Denkmalsrat. Spätestens bis Montag will Samuel Hamufufu (Fotomitte) die Farbe mit einem speziellen Lösungsmittel entfernt haben, so dass die Windhoeker Feuerwehr dann das ganze Denkmal mit Wasser abspritzen kann. Es ist noch nicht bekannt, wie hoch die Kosten der gesamten Reinigungsaktion sind.

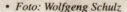

• Foto: Wolfgeng Schulz

Quelle: Allgemeine Zeitung, 14.1.2000

Reitergeld geht an

Denkmalsrat trödelt 10 Jahre, einen Gedenkstein

Die Spendengelder aus einer Initiative zu einem zusätzlichen Gedenkstein am Reiterdenkmal in Windhoek sind jetzt als Beiträge für sieben namibische Altersheime bestimmt. Die deutschsprachige ,,Reiterinitiative", eine freiwillige Aktion, hat am 15. Dezember 2004 vom Nationalen Denkmalsrat eine schriftliche Absage erhalten.

Von Eberhard Hofmann

Windhoek → Dies geht aus einer Erklärung der seit 1994 an der Initiative aktiv Beteiligten hervor, die gestern freigestellt wurde. Der Denkmalsrat von Namibia beruft sich in seinem letzten Schreiben auf einen einstimmigen Beschluss vom 3. Dezember 2004. Die Begründung dafür lautet, dass alle nationalen Denkmäler in ihrer originalen und unveränderten Form bestehen bleiben sollen, außer wenn unvermeidbare Reparaturen und Wiederherstellung ausgeführt werden müssen.

Die Reiterinitiative hatte das Vorhaben im Verlauf des Jahres 1994 mit dem damaligen Minister für Erziehung, Sport und Kultur, Nahas Angula besprochen und dem Denkmalsrat darauf am 24. August 1994 einen ersten Antrag mit Skizze zugestellt. Eine darauf folgende öffentliche Spendenaktion brachte genügend Gelder für die Ausführung des Projekts ein.

Infolge der Verzögerung einer klaren Antwort von Seiten des Denkmalsrates sind die Spendengelder zu einer Summe von rund N$ 94 000 angewachsen, die von der Reiterinitiative Anfang März 2005 nunmehr für folgende Altersheime aufgeteilt werden: Altersheim Otjiwarongo, Welwitschia Park Swakopmund, Altersheim Rehoboth, Hermine Offen-Haus Lüderitzbucht, in Windhoek - Katutura Old Age Home, Susanne Grau-Heim und Potgieter Tehuis.

Die Reiterinitiative hatte in zahlreichen Besprechungen mit dem Denkmalsrat bis November 1997 einen Konsens erreicht, dass folgender Text auf Deutsch und Englisch auf dem zusätzlichen Gedenkstein stehen sollte. Im Folgenden der Wortlaut:

Im Geiste nationaler Versöhnung, begründet in der Verfassung der Republik Namibia, gedenken wir als Beteiligte und Erben von über hundert Jahren neuerer Landesgeschichte aller Opfer kriegerischer Auseinandersetzung bis zur staatlichen Selbständigkeit.

Als Bürger dieses Landes wissen wir uns verpflichtet, die friedliche Zukunft unserer Heimat Namibia in Gerechtigkeit und Freiheit gemeinsam zu gestalten.

Eine Initiative deutschsprachiger Bürger, 1998

Der Denkmalsrat stimmte dem Wortlaut und der Errichtung eines zusätzlichen Gedenksteins zu und teilte dies der Reiterinitiative am 24. November 1997 schriftlich mit, wollte jedoch noch die Einwilligung des Kabinetts einholen. Die Reiterinitiative hat auf wiederholte mündliche und schriftliche Nachfragen danach beim Denkmalsrat und anderen Instanzen nie eine schlüssige Antwort erhalten, bis der schriftliche Bescheid vom 15. Dezember

Altersheime

zu bewilligen, dann abzulehnen

Das Reiterstandbild, ein Wahrzeichen von Windhoek, ist über zehn Jahre Gegenstand von Verhandlungen zwischen deutschsprachigen Namibiern und dem Nationalen Denkmalsrat von Namibia gewesen.
• *Foto: AZ-Archiv*

2004 nun die Zusage von November 1997 widerrufen hat.

Die Reiterinitiative hat darauf in ihrer Sitzung am 17. Januar 2005 beschlossen, die Gelder wie oben erwähnt im Geiste der Versöhnung für karitative Zwecke zu verwenden und kein anderes Gedenkzeichen zu erwägen. Bei der Beschlussfassung waren folgende Mitglieder der Initiative anwesend: Dieter Springer, Hans-Erik Staby, Dieter Voigts, Dr. Herbert Schneider, Bischof Reinhard Keding, und Eberhard Hofmann. Dr Henning Melber, derzeit in Uppsala, Schweden, und ebenfalls Mitglied der Initiative, wurde durchgehend über die jüngste Entwicklung informiert und war indirekt an der Beratung zur Verwendung der Spendengelder beteiligt.

Falls Spender ihren ursprünglichen Beitrag zurückverlangen, können Sie sich bis spätestens 1. März 2005 mit Herrn Dieter Springer in Verbindung setzen, Tel. 061 – 220228. ■

Quelle: Allgemeine Zeitung, 9.2.2005

Kunst _Neue Farbfieber-Wandmalerei provoziert mit Dekonstruktion des Reiterdenkmals_

Farbfieber setzt Denkmal: Kaninchen statt Reiter

D as Reiterdenkmal muss weg - das hat das Kabinett entschieden. Farbfieber-Künstler Klaus Klinger und Natasha Beukes haben der Regierung nun die Arbeit abgenommen. Sie haben das alte Schutztruppendenkmal in seine Einzelteile zerlegt und ein weißes Kaninchen auf den Sockel gestellt, auf dem vorher der stolze Reiter thronte - zumindest in der Wandmalerei, die seit wenigen Tagen die Rückseite der Theatre School in Windhoek ziert.

von Irmgard Schreiber

Friedlich hockt das weiße Karnickel dort, wo bisher der Reiter stand. Die Farbfieber-Künstler Natasha Beukes und Klaus Klinger haben das alte Schutztruppendenkmal in ihrer Wandmalerei demontiert und ein Zeichen des Friedens gesetzt.
• Foto: Wiebke Gebert

Arme und Beine von Reiter und Pferd fliegen durch die Luft, der deutsche Schutztruppler und sein Reittier sind geköpft, die Gliedmaßen hübsch säuberlich einzeln abgetrennt. Blut sieht man keines, schließlich sind Reiter und Pferd ja nur aus Bronze. Doch für manchen Namibier mag das, was die Künstler Natasha Beukes und Klaus Klinger mit dem Reiterdenkmal getan haben, fast einem Mord gleichkommen. Seit Beginn der Woche ziert - oder verunstaltet? - das provokative Gemälde die Südseite der „Commercial Bank of Namibia Theatre School" in der Robert Mugabe Avenue.

Die Idee, das umstrittene Reiterdenkmal in einer Wandmalerei zu demontieren, stammt von dem deutschen Künstler Klaus Klinger. „Klaus hat bei seinem Besuch hier in Namibia gesehen, dass es immer noch eine große Kluft zwischen Schwarz und Weiß gibt, dass sich viele Dinge noch nicht geändert haben. Das Reiterdenkmal war für ihn ein Symbol dieses Zustandes", erzählt Natasha Beukes. Die namibische Künstlerin hat gemeinsam mit Klinger das Wandgemälde ausgeführt. Klaus Klinger ist einer der beiden deutschen Künstler, die für das so genannte Farbfieber-Projekt in Namibia waren und unter anderem zwei Wände der Theatre School in Windhoek bemalt haben.

„Ich war von Klaus' Idee zuerst ein bisschen schockiert", sagt Beukes. „Eigentlich mag ich das Reiterdenkmal ja." Die Künstlerin betont, dass ihr Beitrag zu der Wandmalerei nicht bedeute, dass sie für die Entfernung des Schutztruppendenkmals eintrete. „Das Gemälde ist symbolisch", so Beukes. „Das Reiterdenkmal gehört zum Stadtbild Windhoeks, aber es ist natürlich keine korrekte Repräsentation der Geschichte aus heutiger Sicht."

Dass es eine Initiative deutschsprachiger Namibier gibt, am Reiterdenkmal eine Plakette anbringen zu lassen, die sämtlichen Kriegsopfern bis zur Unabhängigkeit gedenken soll, das hörte Beukes gestern zum ersten Mal. Seit 1994 bemüht sich eine Initiative beim Denkmalsamt um die Bewilligung des Gedenksteins, doch bis heute ist die Sache im Kabinett nicht auf den Tisch gekommen. „Schade, dass dieser Gedenkstein nicht schon angebracht wurde, bevor nun diese Entscheidung des Kabinetts kam, das Denkmal zu verschieben", meint Beukes. Vor wenigen Wochen hatte das Kabinett beschlossen, am Standort des Reiterdenkmals ein Museum zur Unabhängigkeit Namibias zu errichten und den Reiter dafür zu verschieben.

Quelle: Allgemeine Zeitung, 24.8.2001

ZUSCHRIFT EINES AUFMERKSAMEN

FRAGEN DARF MAN DOCH?!

Beukes und Klinger haben in der Zwischenzeit in ihrem Wandgemälde ein neues Denkmal auf den Sockel des Reiters gesetzt: ein weißes Kaninchen. Das Tier steht für Frieden, für Familie und Fruchtbarkeit, Toleranz und Demut, meint die junge Künstlerin. Die Inschrift auf dem Sockel: ein Gedicht mit dem Titel „The Gun". „Es ist mein Zwiegespräch mit dem Gewehr", sagt der Autor Sandile Madi. Er habe über den Nutzen von Waffen nachgedacht und sich die Frage gestellt, ob wir es jemals schaffen würden, ohne sie auszukommen. „Shall you ever fade away?" (Wirst du jemals verschwinden?) lautet eine Zeile des Gedichtes. „Ich erkläre dem Gewehr, dass ich seine Gegenwart satt habe, dass es zwar einmal nützlich war, weil es uns geholfen hat, uns zu wehren, aber dass nun die Zeit gekommen ist, die Waffen aus der Hand zu legen", so Madi.

Eine lyrische Glanzleistung ist Madis Gedicht nicht unbedingt, und auch die Wandmalerei an sich vermag aus ästhetischer Perspektive nicht wirklich zu überzeugen. Die Farbfieber-Künstler aber haben ein provokatives und mutiges Zeichen gesetzt, das weit größere Kreise ziehen wird als das gefällige Gemälde auf der Nordwand der Theatre School.

Quelle: Allgemeine Zeitung, 24.8.2001

Da gibt's ein Haus in der Mugabestraße. Das widmet sich den schönen Künsten! Eine große Bank erwies sich als Mäzen der namibischen Theaterkunst. Zwecks Verschönerung der Außenhaut ließ man extra zu diesem Anlaß einen deutschen Kunstmaler einfliegen.

Zusammen mit einer namibischen Künstlerin machte man sich an die Arbeit. Schön bunt wurde es. - Auf dem Südflügel darf man einen weißen Hasen auf dem Sockel des Reiterdenkmals bewundern, den Reiter samt Pferd hat's zerrupft. Was wollen uns die Künstler symbolisch damit sagen? Weg mit martialischen Denkmälern?

Dieses Denkmal erinnert an eine Zeit, die nicht nur Preußens Glorie symbolisiert, sondern es ist gleichzeitig ein Denkmal, aus dem damaligen Zeitgeist geboren, welches auch daran erinnern soll, daß das Geschaffene im Land durch Blutvergießen errungen wurde. Der Künstler hat kein Problem mit seiner Kunst! "Politically correct" den Deutschen gegenüber? - Dieser englische Begriff wurde längst zur Einbahnstraße in unserer Gesellschaft. Wen interessiert da das Gefühl der deutschen Minderheit? Diese große Bank sollte es vielleicht interessieren! - Fragen darf man doch?!

Quelle: Plus, 21.9.2001

Gedenkfeier in Windhoek

Kranzniederlegung erinnert an die Gefallenen des ersten Weltkrieges

Hartmut Voigts vom Volkstanzkreis Windhuk (links) und Peter Kayser von der Kameradschaft deutscher Soldaten, bei einer Kranzniederlegung am Reiterdenkmal. • *Foto: Wiebke Gebert*

Windhoek (ms) - In Erinnerung an das Ende des ersten Weltkrieges am 11. November 1918 hat gestern in Windhoek wieder die jährlich veranstaltete Gedenkfeier am Reiter- und am Kriegsdenkmal in der Robert Mugabe Avenue stattgefunden.

Die dazugehörige Parade und Kranzniederlegung findet jeweils am zweiten Sonntag im November statt und geht auf eine Initiative der „Memorable Order of Tin Hats" (MOTH) zurück. Mit der jährlichen Veranstaltung will die MOTH nicht nur zur Versöhnung und Völkerverständigung beitragen, sondern diese auch als Mahnung gegen den Krieg nutzen. Die MOTH-Organisation in Namibia hat ihr Hauptquartier in Windhoek und ist ein verfassungsgebendes Mitglied der „British Commonwealth Ex-Service League" mit Hauptsitz in London. Dieser Vereinigung gehören Kriegsveteranen in rund 60 Ländern an, von denen jährlich Tausende den Feierlichkeiten zum Gedenken an das Ende des ersten Weltkrieges beiwohnen.

Quelle: Allgemeine Zeitung, 12.11.2001

Muss das Reiterdenkmal umziehen?

Koloniale erfernis... Onsekerheid sedert onafhank-
likwording oor die toekoms van dié Windhoekse
landmerk, die Ruiterstandbeeld links van die Alte
Feste-museum in Robert Mugabelaan, is geskiedenis. Die Kabinet het op sy jongste sitting besluit
dat dit geskuif word tot voor die Alte Feste-gebou.
'n Onafhanklikheid-gedenkmuseum sal opgerig
word op die oop stuk grond waar die standbeeld
nou staan. Die Ruiterstandbeeld is 'n nasionale
monument en simbool van die tyd toe Namibië onder Duitse imperiale bestuur was.

Quelle: Republikein, 5.7.2001

Ruiterstandbeeld maak plek vir museum

DIE bekende Windhoekse landmerk, die Ruiterstandbeeld, maak
eersdaags plek vir 'n onafhanklikheid-gedenkmuseum.

Volgens pres. Nujoma is die plek
waar die standbeeld nou staan
geïdentifiseer as die terrein waar
die museum eersdaags sal verrys.
Hierbenewens sal Namibië ook
binnekort sy eie heldeakker kry.

Dit is Vrydagaand deur pres.
Nujoma tydens die opening van
Swapo se sentrale komitee verga-
dering aangekondig.

Die heldeakker sal aan die
buitewyke van Windhoek in die
rigting van die Luipersvallei

militêre basis ontwikkel word en die
museum naby die Alte Feste, waar
die Ruiterstandbeeld in die hartjie
van Windhoek is.

Die Kabinet het vroeër aangekondig dat die standbeeld tot voor die
Alte Feste gaan verskuif.

"Die twee monumente sal die
belangrikste tekens van Namibië se
vordering sedert onafhanklikwor-
ding wees. Ons stem saam dat
Namibiërs hul helde en heldinne
moet eer. Ons moet ons eer aan dié
patriote betoon wat hulle lewens
gegee het vir die onafhanklheid van
hul vaderland," het pres. Nujoma
gesê.

Hy sê betekenisvolle vordering is
reeds gemaak met die bou van die
heldeakker en daar word beplan om
volgende jaar se onafhanklikheid-
vieringe daar te hou.

'n Nasionale komitee bestaande uit
ministers onder voorsitterskap van
die Eerste Minister, mnr. Hage
Geingob, is reeds besig om die riglyne
vir die identifisering van diegene wat
in die heldeakker begrawe moet word,
op te stel.

Alle streke in die land sal die
geleentheid gegun word om 'n bydrae
te maak tot die identifikasieproses
deur die onderskeie streekgoewer-
neurs.

Quelle: Republikein, 26.11.2001

THE RIDER MONUMENT:
CONTESTED SPACE

The physical space it occupies can be interpreted as a hill of power politically (Parliament), culturally (museum headquarters) and economically (Bank of Namibia).

By Goodman Gwasira, Bennet Kangumu and Gilbert Likando

n the *Namibian* Weekender of Friday September 17, 2004, the newspaper solicited for public opinion on the streets of Windhoek asking people what they think about the 'vandalism' or in heritage terms the 'defacing' of the Equestrian monument (popularly known as the Rider) or Das Reiterdenkmal. Sets of questions were put to the public, among them who did it (vandalism)? When? And How? According to the newspaper, "...the most burning question is WHY?" Varied answers were extracted from the public, fairly representative of Namibian society's diverse opinions.

One respondent worthy reciting here asked of the people responsible for defacing the monument: "...what went through their minds? What were they actually trying to say? This captures the central theme of this opinion piece, that what we should be asking ourselves is not why the defacing happened but rather what should be done to the monument itself to prevent acts of vandalism such as the one under discussion. One doesn't need to look far for the answer to the WHY question because it is already provided by the newspaper in the introduction to the article: That the rider monument is a "...majestic sculpture of a giant

German soldier...surveying the conquered country spread out below his powerful steed..."

Almost fifteen years into independence, ninety years after German colonial rule ended in Namibia and one hundred years after the 1904 - 1908 war to which the rider bears testimony, this monument still celebrates and represents German conquering power, and doing so in a very exclusive and majestic manner. Majestic in terms of sculpture without any visual counter history except for the history narration displayed in the Alte Feste, itself hidden from public view for those not wishing to enter in there. The monument is also majestic in terms of space, on a hilltop overlooking the city which the Germans of the time claim they 'founded', in front of the old fort (Alte Feste), which is supposedly the first building in Windhoek, just right of parliament, the houses of laws, but also Foreign Affairs, *Office of the Prime Minister* OPM and present Cabinet Chambers. Just across the street is the new Bank of Namibia. The monument is also situated on Robert Mugabe Ave, where the new state house is being built. A sign of total control and conquest even in the eyes of the present political other. It's important to keep in mind that the contention in

heritage is more than just about what monuments are erected, but also the spaces they occupy in a given townscape or landscape. The space a monument occupies in a given townscape tells much about its place in the history of that given space. The rider therefore and the period it represents, in terms of space, still occupies a very prime place in Namibian history. *The physical space it occupies can be interpreted as a hill of power politically (Parliament), culturally (museum headquarters) and economically (Bank of Namibia).* We would provide possible suggestions later of what should be done to the monument to make it more appealing to the wider and specifically Namibian public.

Cultural heritage studies and in particular the theory of material culture is fast becoming a recognised social science that aims at unravelling the hidden semantics of cultural landscapes. Cities worldwide adopt a conscious approach of encoding information concerning their history, development and values in landscapes, monuments and gardens. The city of Windhoek has a fair share of monuments commencing in 1896 with the erection of the Witbooi rebellion monument (as it was known then) or the Witbooi campaign (as we know it today) in what was to become the Zoo Park. Over the following many years more monuments were commissioned and erected. Some gaining national status in the process as they were either proclaimed as such or provisionally proclaimed. Most of the monuments in Windhoek however remain of a local and colonial value. In recent years other monuments of national and international value were unveiled, chief among them is the Heroes Acre National Monument, the provisional proclamation of the Old Location Cemetery and the Augustino Neto Park (inclusive of a street and a bust of Augustino Neto, *the first President of Angola*).

From a heritage practice point of view such monuments function as text that can be deciphered to reveal issues such as social, economic and political situations of the times in which they were unveiled and the continuous invention of new meanings through time and use of the monuments. The use and meanings of monuments is rarely static. New meanings are invented as new generations of city dwellers and visitors interact with the monuments. Our focus in this article is on the use and meaning of the Equestrian monument. The monument has generated a great interest in past especially the recent past (after independence). Newspaper articles abound with suggestions of what should be done to it , *such as relocation, removal from public view or adding captions that will make it more acceptable*. The monument to our view commemorates the "victors" of the 1904-1908 war and in so doing conveniently forgets the political other actors of the same war. It therefore serves to express solidarity and loyalty to the Kaiser's empire by remembering the dead and deliberately forgetting the exterminated.

The rider was commissioned and sculptured in Germany. It was unveiled in 1911 and has since then become synonymous with the cultural landscape in Windhoek. It is one of the most appropriated iconography in Namibia having been used on beer bottles and many other advertisements that were aimed at showing the real South West Africa. Today some visitors (mostly from Germany) view the rider and the pubic space around it as sacred. This is evidence by the ritual pilgrimage that they make to it, which is sometimes complemented by lying of wreaths in front of the monument. However, a new pragmatic use of the rider monument has been observed recently.

The monument has been used as a place for expressing protest and dissent. The horse (which forms part of the monument) has been painted in white commercial paint with the words "SLAVE". These words are seen on the left side of the horse (when facing north) that is in public view. On the right side of the horse is an elaborate swastika in white paint. A closer inspection of the monument by Heritage Solutions revealed some earlier writing in red and black paint that reads "I LOVE S.W.A." This scenario raises questions such as who is responsible for "defacing" the monument, When was this done and why? We leave the first two to the National Monuments Council to investigate. Our concern is merely to decode the reasons or the message that is encoded in the act of defacing monuments.

It is not a novel and unique practice to Namibia to express protest on monuments. Our earlier research in South Africa (2001) has shown that the Cecil John Rhodes statue at the University of Cape Town was used several times to express dissent and protest especially in the 1970s and 1980s by students who held opposing views to the government of the day. Such expressions included painting the statue pink, daubing it with grease and even painting a swastika on it. The reasoning behind such acts is that monuments by nature communicate many meanings publicly and thus are targets of expressions of opposing views. In so doing the monuments and public spaces assume a new function; that of a public forum where the dialectics of power and resistance are discussed. Our tentative conclusion is the fact that the rider monument is viewed as expressing loyalty to the empire (even long after the decolonisation of the last colony in Africa) the use of the monument to express protest, in this case, articulates the complex processes that are at play as far as ideologies of the past are concerned. One such ideology is the genocide of 1904. It is our contention that it is by no means a coincidence that the horse has been publicly graffited exactly 100 years after the genocide. Therefore this can be interpreted as opposition to a long gone empire whose effects remain fresh in the memory of Namibians. The rider is a continuous reminder of this empire. In other words a hurting past still haunts Namibia. It is a form of nostalgic dissent or protest in retrospect.

The danger with such a postulation is that it may lead to witch hunting that

will point to a particular group as being the likely authors of the graffiti but our submission is that the author of the words could be anyone who wants to express their opinion about the events of 1904. Are there any lessons to be learned? Perhaps the greatest question here is how safe are Namibian monuments (both new and old)? Does the National Monuments Council have a policy and programme/ strategy for monitoring monuments? If so how widely disseminated is it? Are there educational programmes designed for important sites and monuments such as the Heroes Acre so that the youth can learn more about Namibian history and learn not to disfigure monuments? So many questions.

One respondent suggested that "…we should be very proud of this; (that) the Denkmal is still standing." suggesting that a worst scenario could have occurred or might occur. But what should be done to ensure it remains standing? One practical suggestion would be to recontextualize the monument in terms of meaning, to append new meanings to it through revisiting its inscriptions (the monument still carries the old National Monuments symbol). Currently, the inscription, in the German language, tells only of the German side of the story, with assistance of a bigger display in the German Church just across the street to the north of the monument. The 'political other' is left out, in this case the OvaHerero, the Damara and Nama who were also part of this war. Where are their stor(y)ies? Just on the foot of the Alte Feste, for example, was reportedly a prisoner of war camp, can this be used as a form of landscape re-interpretation in relation to the rider to give voice to the silent/submerged stories of the political other in this representation?

Our contention is that what should be done to the Rider Monument if it has to evade defacing, is a process of transformation in what it represents, to create what one academic referred to as a 'Community of Memory'. A community of memory is a 'shared' recollection of the past that combines celebration with critique. A useful community of memory focuses not only on exemplary lives but also on "suffering received …and…suffering inflicted". Therefore, it is better not to shoot the people responsible for defacing the monument as one respondent suggests, but to shoot the offensive message the monument carries, the question is how? This is left for debate.

Das Reiterdenkmal wird wieder Opfer von Vandalen

Reiterdenkmal durch Hakenkreuz verunziert

Ein Hakenkreuz, das auch noch falsch herum gemalt ist, verunziert seit Mitte der Woche das bekannte Wahrzeichen von Windhoek, das Reiterdenkmal. Auf der linken Flanke des Pferdes ist das englische Wort ‚'Slave" (Sklave) aufgepinselt worden. Dieser böse Scherz mit offensichtlich politischer Anspielung wirkt im Jahr 2004, dem 100. Gedenken des Hererokrieges, besonders unversöhnlich. Für Touristen und diejenigen, die schon immer verkappte Nazis in Namibia suchten, ist dieser Vandalismus wieder ein Grund, Negatives aus unserem Land zu berichten. Bleibt zu hoffen, daß entweder der Denkmalrat oder die Stadtverwaltung die Pinseleien beseitigen. Foto: Brigitte Weidlich

Quelle: Plus, 17.9.2004

Reiter außer Gefahr

Pläne für Museumsneubau zunächst auf Eis

Windhoek (fis) → Die Pläne für den Bau eines Museums vis-a-vis der Christuskirche liegen auf Eis. „Das Vorhaben wurde auf die lange Bank geschoben", sagte Eckhart Mueller, Vorsitzender des Deutschen Kulturrates (DKR), während der DKR-Jahreshauptversammlung am Wochenende. Er berief sich dabei auf ein Gespräch mit Vertretern des Erziehungsministeriums.

Dort, wo sich das Reiterdenkmal befindet, war ein Museum geplant, das sich dem Freiheitskampf für die Unabhängigkeit widmen sollte. Entwurf und Ausführung sollten laut Mueller in den Händen von nordkoreanischen Firmen liegen, die bereits den Heldenacker samt Denkmal südlich von Windhoek gebaut hatten. Die Bauhöhe des Museums sollte nach ursprünglichen Planungen die Christuskirche überragen.

Nun zeichne sich zur Freude des DKR-Vorsitzenden ein Kompromiss bzw. eine weitere Möglichkeit zum Erhalt des im Jahr 1912 fertig gestellten Reiterdenkmals ab: Dieses könnte versetzt werden und vor der Alten Feste seinen neuen Platz finden. „Wir werden das Verschieben genau beaufsichtigen", versprach Mueller. ∎

Quelle: Allgemeine Zeitung, 12.9.2006

Das Reiterdenkmal im Sonnenuntergang. Datum unbekannt.
Quelle: unbekannt

Let's not move history, DTA leader proposes

- **BRIGITTE WEIDLICH**

THE President of the opposition DTA wants the colonial monument of a German soldier on his horse in Windhoek to stay exactly where it is.

Government plans to move the statue from its prominent position next to the Alte Feste museum to make way for a new museum.

Katuutire Kaura said in the National Assembly yesterday that he wanted the House to debate the plan to move the monument, "with the view of leaving it in place and to find another suitable spot for the new museum".

"An example of a good place for that Independence Memorial Museum would be the spot where the Old Location hospital was once situated," Kaura proposed.

His notice of a motion drew loud murmurs and several interjections from the Swapo benches.

"This is not even debateable," said Deputy Justice Minister Utoni Nujoma, son of founding president Sam Nujoma.

"That (monument) is for the Germans," Presidential Affairs Minister Albert Kawana interjected.

"You want to obliterate history," DTA leader Kaura responded.

He told *The Namibian* afterwards that there was no reason to move the statue, as it was part of Namibia's history and a landmark tourist attraction.

"Every day many tourists flock there to admire it and take photos. That monument, the Alte Feste (old fortress) and the Christuskirche are the three most frequented spots for tourists," Kaura said.

"The German government has given the Namibian Government hundreds of millions of euros since Independence, but the Swapo Government now wants to move that monument."

Kaura will introduce his motion on this topic in Parliament on Wednesday next week.

The Reiterdenkmal statue was erected in 1912 to commemorate the German colonial soldiers who died in the uprising of the Herero and Nama people.

Quelle:
The Namibian,
12.6.2008

Das Reiterdenkmal, Oktober 2001.
Quelle: Wolfgang Reith

Reiterdenkmal Debate Divides the House

By Kuvee Kangueehi

WINDHOEK – Sparks were flying in the National Assembly on Wednesday as the house debated the motion on whether to remove the Windhoek landmark Reiterdenkmal, or leave it in place and find another suitable spot for the Independence Memorial Museum.

The motion divided the house into two, creating unlikely allies and pitting lifetime comrades such as Kazenambo Kazenambo and Utoni Nujoma against each other.

For the first time in many years, some Swapo Party MPs such as Petrus Ilonga and Nujoma congratulated Congress of Democrats (CoD) president, Ben Ulenga, for his contributions on the motion.

Ulenga said although he is not in support of the Reiterdenkmal being destroyed and reconstructed, he proposed that the German monument should be moved as it is and replaced by a statue of Chief Hosea Katuko because he is one of the most prominent figures of the liberation struggle.

The CoD president said the hill on which the Reiterdenkmal and Parliament building is situated symbolises nationhood and it will only be fitting for a statue of a Namibian to be erected at the hill.

However, Kazenambo totally objected to moving the Reiterdenkmal, saying the statue is not only a monument but it symbolises a number of values especially for the people that fought the war against the Germans.

The deputy minister said the statue has always been a focal point in the liberation of Namibia and when people were in exile they wanted to conquer Namibia and take control of Windhoek.

"The horse is a reference point, a reference of colonial engagement and we wanted to take the horse and control it."

He noted the horse is also situated in front of the Alte Feste, which was a concentration camp, and a place where many Namibians lived an inhuman life, and died.

Kazenambo said history affected Namibians differently and thus to unify all the people, consultation must take place especially with people that were affected by the history in order to build a solid foundation.

"We should stop belittling others and consult more in order to have a coherent nation."

On a point of information the Defence Minister, Charles Namoloh, said in war history is written by those who win and not the losers.

Citing an example of Iraq, Namoloh said when the government of late Saddam Hussein was defeated, the statue of the former Iraq president was demolished and all over the world the monuments which remain and are erected are of the winners.

Namoloh was also not happy that the Reiterdenkmal monument is much higher than the monuments of Namibian heroes such as Hendrik Witbooi and Hosea Kutako, and said the height gives more prominence to the colonisers.

"The statues of the colonisers must be in museums because statues represent power and the Germans were defeated."

Ilonga in his contribution said history is for everyone and it should not be claimed by some people.

He noted that the German history is sad for everyone and in other countries it would have been destroyed at independence.

"The same German we want to defend destroyed all the Karl Marx symbols in Germany when they took control."

Ilonga proposed that consultation takes place with various Namibian people.

The DTA president, Katuutire Kaura, tabled the motion.

Quelle: New Era, 23.6.2008

„Reiter" bleibt erhalten

Regierungsbekenntnis zum Kulturerbe, aber: Denkmal wird verschoben

Windhoek (fis) ➔ Das Reiterdenkmal in Windhoek soll auf jeden Fall erhalten werden. Das bekräftigte jetzt Esther Moombolah-/Goagoses, Vizedirektorin und Leiterin des Nationalmuseums im Kulturministerium. „Natürlich bleibt das Denkmal bestehen, es ist schließlich Teil unseres Kulturerbes", sagte sie gestern auf AZ-Nachfrage, nachdem ein Medienbericht für Beunruhigung und Spekulationen gesorgt hatte.

Fest stehe aber, dass das Monument an einem anderen Ort platziert werden soll, weil es dem Neubau eines Unabhängigkeitsmuseums an dieser Stelle weichen müsse. „Das Denkmal wird seinen neuen Platz vor der Alten Feste bekommen", wiederholte Moombolah-/Goagoses eine Kabinettsentscheidung von 2001 (AZ berichtete). Mit dem Museumsneubau soll indes noch im laufenden Finanzjahr begonnen werden. Dies schlussfolgert die Vizedirektorin aus der Haushaltsvorlage von Helmut Angula, Minister für Öffentliche Arbeiten, Transport und Kommunikation. Dieser habe in seinem Etat 2008/09 rund acht Millionen Namibia-Dollar für den Neubau auf dem städtischen Areal zwischen Alte Feste und Christuskirche vorgesehen, sagte Moombolah-/Goagoses. Weitere Details, auch zum Zeitplan, kenne sie jedoch nicht. Ebenso wenig könne sie bestätigen, dass das Museum von einem nordkoreanischen Unternehmen gebaut werde. Insider jedoch gehen fest davon aus und verwiesen auf ein „Paket" aus drei Neubauprojekten (Heldenacker, Staatshaus, Museum), welches die Nordkoreaner verwirklichen sollen.

Zuletzt hatte im Januar 2007 der damalige Kulturminister John Mutorwa darauf gedrungen, die Pläne für den Museumsbau voranzutreiben. „Während wir den 20. Jahrestag von Namibias Unabhängigkeit im Jahr 2010 vorbereiten, müssen das Direktorat für nationale Denkmalpflege und Kulturprogramme sowie der Namibische Denkmalrat an vorderster Front stehen, um sicherzustellen, dass wir wenigstens ein Unabhängigkeits-Denkmal in der Hauptstadt Windhoek haben", sagte er damals.

Eckhart Mueller, Vorsitzender des Deutschen Kulturrates (DKR), reagierte gelassen auf die neueste Diskussion. Er werde dazu heute Gespräche mit dem Fachministerium führen, sagte er auf AZ-Nachfrage. ■

*Quelle:
Allgemeine Zeitung,
11.6.2008*

Keine Bedenken

Denkmalrat befürwortet Umzug des „Reiters"

Windhoek (fis) ➔ Der namibische Denkmalrat hat keine Einwände gegen die Verschiebung des Reiterdenkmals vor die Alte Feste in Windhoek. Das erklärte Denkmalrat-Vizevorsitzende Dr. Gabi Schneider gestern auf AZ-Nachfrage.

Das Gremium habe sich diese Meinung bereits bei einer Beratung zu diesem Thema gebildet, bevor das Kabinett im Jahr 2001 einen entsprechenden Beschluss gefasst hatte. „Vor der Alten Feste steht das Reiterdenkmal genauso gut wie am jetzigen Standort", sagte Schneider und führte aus: „Da es sich bei dem Denkmal um einen berittenen Soldaten handelt, ist es sogar ganz passend, wenn dieser vor einem Gebäude steht, in dem einst Soldaten beherbergt wurden." Und weiter: „Dass das Reiterstandbild nicht angezweifelt wird, ist ein gutes Bekenntnis für die Versöhnung." Nachdem zu Wochenbeginn erneut Spekulationen zur Zukunft des Reiters aufgeflammt sind, hatte Esther Moombolah-/Goagoses, Vizedirektorin und Leiterin des Nationalmuseums im Kulturministerium, auf AZ-Nachfrage bekräftigt, dass das Denkmal erhalten bleibe, weil es „Teil unseres Kulturerbes" sei.

Das Reiterstandbild steht unter Denkmalschutz. Die Regierung möchte an diese Stelle ein Unabhängigkeits-Museum bauen, die Pläne gehen bereits auf das Jahr 2001 zurück. ■

Quelle: Allgemeine Zeitung, 12.6.2008

Das Reiterdenkmal zieht um

Standbeeld maak emosies wakker

• **Estelle de Bruyn**

DIE debat oor die verskuiwing van die ruiterstandbeeld voor die Alte Feste het Dinsdag in die Nasionale Vergadering voortgeduur met emosionele terugblikke op Namibië se bloedige geskiedenis.

Die Minister van Veteranesake, dr. Ngarikutuke Tjiriange, het gesê hy ondersteun die verskuiwing van die monument en wil nie sien dat die standbeeld vernietig word nie. Om die standbeeld te vernietig, sal die geskiedenis nie ongedaan maak nie.

Tog meen dr. Tjiriange die standbeeld gee nie die volle feite van die geskiedenis nie omdat die slagoffers van die perd en die geweer nie verteenwoordig en uitgebeeld word nie.

"Dit lyk asof die standbeeld wil voorgee dat die koloniale besetters gekom het en die land gevat het van die koedoes en die leeus. Dit is nie die geval nie. Ons is die slagoffers van daardie perd en daardie geweer.

"Boonop is daardie plek waar die standbeeld staan 'n baie senti- mentele plek, want daar was 'n aaklige konsentrasiekamp waar baie mense dood is," het dr. Tjiriange bygevoeg.

Die kamp is ná die slag van Hamakari tot stand gebring. Hy het daarop gewys dat met die bou van die Hooggeregshof toe die fondamente gegrawe is, konstruk- siewerkers op menslike beendere afgekom het wat waarskynlik die oorskotte van die slagoffers van die groot konsentrasiekamp wat in die deel wat vandag sentraal Wind- hoek is, gestaan het.

Mnr. Arnold Tjihuiko van Nudo wou weet hoekom, teen hierdie agtergrond, dit nodig was om die standbeeld te verskuif en hoekom daar nie heeltemal mee weggedoen kon word nie.

Dr. Tjiriange het geantwoord dat daar baie dinge in die geskiedenis is wat mense graag wil vergeet, maar deur dit te ontken, beteken nie dat dit nie gebeur het nie. "Ons wil nie graag hoor van die uit- wissing van die Herero-mense deur die Duitsers nie, maar dit is die geskiedenis," het dr. Tjiriange gesê.

In sy bydrae het die Eerste Minister, mnr. Nahas Angula, gesê die debat het 'n bydrae gelewer om meer lig op die geskiedenis te werp.

Dit wil ook vir hom voorkom asof dit nie soseer oor die ruiter- standbeeld gaan nie, maar dat dit die dekmantel is waaronder mense oor ander sake wat hulle na aan die hart lê kon praat.

Premier Angula sê daar is heel- wat sulke geskiedkundige plekke in Namibië soos Hamakari, Shark Island en Namutoni wat eintlik as geskiedkundige plekke van bete- kenis verklaar moes word en sodanig ontwikkel moes word dat dit die nageslagte herinner aan die geskiedenis.

Sulke plekke moet behoorlik gedokumenteer en tot nasionale monumente verklaar word.

Quelle: Republikein, 27.6.2008

Kreuze sorgen für „unnötige Panik"

Scheinfriedhof am Reiterdenkmal ist Thema im Parlament – Bekennerschreiben aufgetaucht

Für große Aufregung sorgten in dieser Woche 51 Holzkreuze, die neben dem Reiterdenkmal aufgestellt wurden. Am darauffolgenden Tag waren es nur noch 16 Stück.

• Foto: Wiebke Schmidt

Quelle: New Era, 10.7.2008

Windhoek (fis/ws) → Kulturminister Willem Konjore hat die Aufstellung von Kreuzen am Reiterdenkmal in Windhoek kritisiert. Die dafür Verantwortlichen hätten für „unnötige Panik" gesorgt, „die rechte Anderer verletzt" und anderen Namibiern „die Möglichkeit entzogen, ihre Meinungen in reifer Art und Weise zu äußern", sagte Konjore gestern Nachmittag im Parlament. In der Nacht zum Mittwoch wurden in der Nähe des Denkmals 51 Holzkreuze aufgestellt, die hauptsächlich Herero-Namen und -Begriffe tragen (AZ berichtete).

Indes ist gestern bei der AZ ein mit „An Eyedias project" betiteltes Bekennerschreiben eingegangen. Der Absender, der anonym bleiben möchte,

nennt für die Motivation seiner Aktion drei Gründe: „1. Wir denken offenbar nicht über unsere Geschichte nach. 2. Wir reden auch kaum über unsere Zukunft. 3. Das Reiterdenkmal ist ein so großes historisches Monument und wir wollen dort ein Museum errichten, welches den Namibiern ihre Geschichte erklären soll – es ist also für das namibische Volk von dem namibischen Volk und so soll es sein. – Wir scheinen nicht darüber nachzudenken, was wir tun und wie wir es tun und wohin dies führen mag."

Von den 51 Kreuzen standen gestern noch 16 Stück. Konjore mahnte im Parlament: „Wir dürfen das Gesetz nicht in die eigenen Hände nehmen oder ver-

suchen, kontroverse Aussagen zu diesem Thema zu machen, weil wir es mit einer schmerzvollen Geschichte zu tun haben." Er forderte die Namibier auf, der Politik der nationalen Versöhnung zu folgen und an dieses „sensible Thema mit Würde, Stolz und Harmonie heranzugehen". Der Minister wiederholte Teile seiner Rede, die er am 24. Juni während der Debatte im Parlament zur Verschiebung des Reiter-Standbildes vor die Alte Feste zugunsten des Neubaus eines Unabhängigkeits-Gedenkmuseums gehalten hatte. Es sei „wichtig, dass gewisse falsche Auffassungen in unserer Gesellschaft korrigiert werden müssen", so Konjore, der ein erklärter Befürworter der Verschiebung dieses Denkmals ist. ∎

Quelle: Allgemeine Zeitung, 11.7.2008

Reiter mit Fahne geschmückt

Ungewohntes Detail am Denkmal – Filmemacher begrüßt die Idee

Windhoek (fis) → Für (optische) Aufmerksamkeit hat dieser Tage eine Namibiafahne gesorgt, die im Gewehrlauf des berittenen Schutztrupplers (Reiterdenkmal) in Windhoek steckte. Wer dafür verantwortlich zeichnet, konnte bislang nicht in Erfahrung gebracht werden. Allerdings meldete sich Tim Hübschle zu Wort. Der Filmemacher aus Windhoek begrüßte die Aktion, die der Kernaussage seines vor kurzem gedrehten Films „Der Reiter ohne Pferd" gleiche.

Das Denkmal sei „kontrovers", aber es habe auch einen Platz in der namibischen Geschichte und sollte „niemals vergessen" werden. Es sei nun an der Zeit, darüber nachzudenken, was noch über den Standort des Reiterdenkmals erzählt werden solle, zum Beispiel dass dort ein Konzentrationslager existiert habe und tausende Menschen in der Koloni-alzeit ums Leben gekommen seien. „Vielleicht ist die Zeit gekommen, die namibische Geschichte in die Welt zu tragen", so Hübschle.

Im Juni dieses Jahres war die öffentliche Diskussion zur geplanten Verschiebung des Denkmals wieder aufgeflammt. Auch das Parlament hatte sich mit dem Thema beschäftigt, das seinen Ursprung im Jahr 2001 hat. Damals hatte das Kabinett beschlossen, das Denkmal zu versetzen und vor der Alten Feste zu platzieren. Am jetzigen Standort soll ein Unabhängigkeitsmuseum gebaut werden, wofür im laufenden Haushaltsjahr bereits ein gewisser Betrag eingestellt ist.

Ein optisches Zeichen wurde bereits im Juli gesetzt, als Unbekannte in der Nähe des Denkmals 51 Holzkreuze platzierten, die hauptsächlich Herero-Namen und -Begriffe trugen. Dazu ging bei der AZ ein Bekennerschreiben von „An Eyedias project" ein. Die Holzkreuze waren nach kurzer Zeit wieder „abgebaut". Und so plötzlich, wie die Fahne jetzt am Denkmal auftauchte, war sie am gestrigen Donnerstag auch wieder verschwunden. ∎

Gewohntes Bild mit neuem Detail: Das Reiterdenkmal in Windhoek wurde kurzzeitig mit der namibischen Fahne geschmückt.
• Foto: Wiebke Schmidt

Quelle: Allgemeine Zeitung, 24.10.2008

Architects say move of monument 'flawed'

• **CHRISTOF MALETSKY**

THE Namibia Institute of Architects (NIA) has called on the Government to consider building the planned Independence Memorial Museum in Katutura, Mondesa or Kuisebmond instead of moving the famous Reiterdenkmal to make way for it.

NIA president Paul Munting said tourism linked to the new museum must benefit the people where historical events such as the first trade union movements started and help rectify some of the shortcomings of the apartheid planning legacy that the city has inherited.

"At the same time it would take the financial benefits of such a prominent draw card to where they are most needed," Munting said in an open letter to the Office of the President.

The Namibian reported last month that plans were at an advanced stage for the construction of the N$8 million Independence Memorial Museum.

In the process of construction the Reiterdenkmal, erected in 1912 to commemorate the victory of the German Schutztruppe in the Herero and Nama uprising against colonial rule, will be moved to a spot in front of the Alte Feste.

The NIA said building a museum adjacent to the Alte Feste was "inherently flawed" and would result in missed opportunities to distribute the benefits to people who need it most.

"At present there are few incentives available to draw tourists to Katutura and as a consequence the tourist expenditure in Windhoek is concentrated in the central business district and surrounds. This is in spite of a real desire among many tourists to visit and experience a less colonially influenced urban environment," Munting said.

He said taking the museum to Katutura, Mondesa (Swakopmund) or Kuisebmond (Walvis Bay) would mean it would form part of the daily lives of those who were in the struggle.

They gave the Red Location Museum in the Nelson Mandela Municipality (Port Elizabeth) and Hector Pietersen Museum in Soweto, Johannesburg, as examples of that.

The NIA also voiced concern about the manner in which Government was using foreign architects at the exclusion of Namibians and the lack of transparency around the proposed design of the museum.

"It is difficult, time-consuming and expensive to rectify planning or development errors in a city and the implementation of policy ensuring that prominent buildings are procured by competition has become the internationally accepted means of managing this risk," they said.

Plans for the Independence Memorial Museum started several years back, with the Government stating that it wanted the construction completed before the country's 20th Independence anniversary.

Cabinet approved the drawings and plans around seven years ago.

The Independence Memorial Museum would be a national monument intended to educate Namibians and tourists about the history of the country's Independence through historical displays.

In this year's budget allocation to the Department of Works, N$8 million was allocated to the project.

Quelle: The Namibian, 17.7.2008

96

Das Reiterdenkmal zieht um

17-0/D001

REPUBLIC OF NAMIBIA

MINISTRY OF WORKS AND TRANSPORT

Tel	(061) 20589111/2088111	
Fax	(061) 228560	
Telex	(50908) 709	
Telegram NAMTRANS		

Enquiries: R.Mugandiwa
Tel: (061)208 8707
Fax: (061)208 8736

Private Bag: 13341
6719 Bell Street
Snyman Circle
Windhoek
Namibia

Our Ref:

16 July 2009

The Chairperson
German Cultural Association in Namibia
Estorff Haus
Private Bag 5662
WINDHOEK

Att.Mr.Eckhart D.G.Mueller

RE: RELOCATION OF THE HORSE MONUMENT (REITERDENKMAL)

Reference is made to your letter of 22 July 2008 to Ms Esther Moombolah-Goagoses of the Department of Archives and Museums. In the letter you availed yourselves for advice, supervision and protection of the monument during the process of relocation (See attached copy).

We hereby inform you that we intend to relocate the Horse Monument within the next two weeks to facilitate the construction of the Independence Memorial Museum.

For further discussions and any clarification on this issue, please contact the Chief Architect in the Department of Works Mr. Ronald Mugandiwa.

Yours Sincerely,

George Simataa
PERMANENT SECRETARY

Quelle: Harald Koch

Das Reiterdenkmal zieht um

REITERDENKMALVERSCHIEBUNG
RELOCATION OF THE EQUESTRIAN MONUMENT

MINUTES OF THE MEETING BETWEEN OFFICIALS OF THE MINISTRY OF YOUTH, NATIONAL SERVICE, SPORT & CULTURE AN THE MINISTRY OF WORKS AND TRANSPORT AND REPRESENTATIVES OF VARIOUS GERMAN CULTURAL ORGANIZATIONS

Date   :   27th July 2009
Venue   :   Boardroom 33 at the National Museum of Namibia
Time   :   14h00

LIST OF ATTENDANCE

Dr. Peingeondjabi T. Shipo   :   Permanent Secretary, MYNSSC (Chair)
Ms. E. Moombolah-Goagoses: Deputy Director
Ms. B. Hangu   :   Senior Curator
Mr. G. Gurirab   :   Curator
Mr. R. Mugandiwa   :   Chief Architect, MoWT
Mr. W. Rügheimer   :   Principal Architect, MoWT
Mr. H. Koch   :   Initiator of the relocation & spokesperson for the German cultural organizations, Chair person *Kriegsgräberfürsorge*
Mr. K. Jacobi   :   Vice chair *Deutscher Kulturrat*
Mr. H. Voigts   :   *Volkstanzkreis Windhuk*
Mr. H. Feddersen   :   *Traditionsverband ehemaliger Schutz- und Überseetruppen/Freunde der früheren Schutzgebiete*

1.   OPENING AND WELCOME

The Chairperson welcomed all to the meeting and reiterated the decision by Cabinet to relocate the equestrian monument and to construct the Independence Memorial Museum at that locality. Construction work has commenced.

All persons present introduced themselves by name, position and ministry or organization that they represent. Mr. Koch, besides being the initiator of the relocation, spokesperson for the German cultural organizations and chair of the *Kriegsgräberfürsorge* indicated that he holds the post of Director Water Supply and Sanitation Coordination (Rural Water Supply) in the Ministry of Agriculture, Water and Forestry.

2.   ADOPTION OF THE AGENDA

The meeting is as a result of the letter dated 16h July 2009 signed by Mr. George Simataa, Permanent Secretary for the Ministry of Works and Transport. Only one agenda item was the topic of this meeting; namely the relocation of the equestrian monument to make way for the construction of the Independence Memorial Museum.

3.   APPROVAL OF THE MINUTES FROM THE PREVIOUS MEETING

As this is the first ever meeting no minutes of any previous meeting are available for approval.

4.   MATTERS ARISING FROM PREVIOUS MINUTES

None, as no previous meeting took place.

5.   AGENDA POINT FOR DISCUSSION

Mr. Koch was given the floor and asked the following questions in order to get clarity as many rumors are being spread:

5.1   Must the Reiter be removed from its present spot or will it remain there in front of the new building? Reply – The Reiter will be removed.

5.2   Will removal mean discarded or relocation? Reply – Relocation to a locality in front of the Alte Feste. Dr. Shipo said that the monument is guaranteed Government's protection.

5.3   Have the Department of Works plans on how to relocate the Reiter? Reply – No, there are no plans on how to move the monument.

5.4   Has funding for the relocation been secured on the budget? Reply – No, there is no budget provision available for the relocation.

5.5   Who will do the relocation, the Koreans? Reply – The Koreans will not be involved. The Government is looking towards the German community for assistance.

5.6   Moving the equestrian monument means moving the granite pedestal as well? Reply – Yes, as is.

5.7   Did the National Heritage Council approve the shifting of the monument? Reply – No, it is a Cabinet decision which does not require the consent of the National Heritage Council. Mr. Koch explained that even Cabinet decisions have to be executed within the legal framework of the country. Being a Cabinet Decision, the approval by the National Heritage Council would however just be a formality.

Mr. Mugandiwa asked whether the German community cannot do the shifting of the monument. Reply by Mr. Jacobi – The *Deutscher Kulturrat* offered advice, support, security and assistance, but the responsibility must remain with the Department of Works. Another issue to be resolved is who will be responsible for the costs?

Mr. Koch told the meeting that an agreement has already been reached between the Deputy Minister of the Ministry of Works and Transport and himself that the German community represented by the *Deutscher Kulturrat* will relocate the monument and fund it with donations from the public and from abroad.

Mr. Feddersen inquired about the timeframe for the relocation. Mr. Mugandiwa said that the Reiter has to be dismantled within 2 weeks. Mr. Koch said that this is not feasible and offered to have the monument removed within 4 weeks. That was accepted by the meeting.

Mr. Koch requested the assistance of the Korean contractors to cast the new foundation. This was granted.

On the request for being shown plans or a model of the new Independence Memorial Museum, it was stated that these will be made available to all present at a later stage.

Mr. Feddersen wanted to know whether the new site in front of the Alte Feste has been fixed. The site will be identified after the meeting by all in attendance of this meeting.

Mr. Jacobi insisted on the formation of an implementation committee to coordinate, supervise, share information and ensure adherence to timeframe comprising the following members:

Ms. E. Moombolah-Goagoses, Mr. R. Mugandiwa, Mr. H. Koch and Mr. K. Jacobi.

Mr. Koch guaranteed the full cooperation and assistance by those concerned and ensured that the relocation will be executed to the satisfaction of Government and the public at large.

Mr. Gurirab expressed his gratitude towards the German cultural organization for volunteering to undertake this challenging task.

6.   ANY OTHER BUSINESS

No other issues were raised for discussion.

7.   NEXT MEETING

The next meeting will take place as and when required.

8.   CLOSURE

Dr. Shipo in closing the meeting made the following statements:

8.1   The times of tensions and suspicions are over.

8.2   Government will not shy away from its responsibility to protect all heritage sites.

8.3   No construction activities and digging will be allowed to endanger the monument.

8.4   The monument has to be relocated as no other suitable site could be found.

8.5   The monument is to be relocated and erected as is without alterations.

8.6   He thanked everybody for the good spirit in which the meeting was conducted.

The meeting adjourned at 15h20 and the group walked over to point out the new site.

APPROVAL OF THE MINUTES

....
CHAIRPERSON

....
SECRETARY

....
DATE

....
DATE

Quelle: Harald Koch

REITERDENKMALVERSCHIEBUNG
RELOCATION OF THE EQUESTRIAN MONUMENT

Harald W. R. Koch
P. O. Box 9232
WINDHOEK

The Director
National Heritage Council of Namibia
Private Bag 12043
Windhoek
NAMIBIA

Dear Mr. S M April,

SUBJECT: NATIONAL HERITAGE COUNCIL IDENTIFICATION PLAQUE
FOR THE EQUESTRIAN MONUMENT

1. As you are aware Cabinet has taken the decision to shift the equestrian monument at its 16th Ordinary Meeting of 26 June 2001.

2. On 28 July 2009 the Ministry of Works and Transport assigned the task to relocate the monument to the German Cultural Association of Namibia, the *Deutscher Kulturrat*.

3. I am the coordinator of the relocation activities for the German Cultural Association of Namibia and the contact to Government regarding this initiative. I will conclude the re-erection in February 2010.

4. The National Heritage Council identification bronze plaque on the base of the monument is still the South African one from before Independence.

5. I would like to replace it with the Namibian emblem of the National Heritage Council of Namibia and humbly request you to make the emblem available to be affixed to the granite pedestal of the equestrian monument.

6. We trust that the relocation of this monument meets the approval of the National Heritage Council of Namibia, who is the custodian of all heritage sites in Namibia.

7. Thanking you in advance for your cooperation.

Yours faithfully,
Harald W R Koch
Initiator and Coordinator of the Relocation of the Equestrian Monument

Umzug des Reiters rückt näher

Erste Vorbereitungen für Demontage des Denkmals und Museumsneubau getroffen

Mit dem Einbetonieren von Zaunpfählen um das Gelände, auf dem das Reiterstandbild steht, wurden gestern Tatsachen geschaffen: Acht Jahre nach einem entsprechenden Kabinettsbeschluss muss das Denkmal umziehen. Eine Privatinitiative soll dabei helfen.

Windhoek (AZ) ➔ Das Reiterdenkmal wird versetzt und soll unweit vom jetzigen Standort vor der Alten Feste seinen neuen Platz finden. So hatte es der Ministerrat im Jahr 2001 beschlossen, jetzt wird dieser Plan umgesetzt (AZ berichtete).

Auf dem prominenten Hügel zwischen Christuskirche und Alte Feste will die Regierung ein Unabhängigkeits-Gedenkmuseum bauen lassen. Das dafür verantwortliche Ministerium für Öffentliche Arbeiten hat im Staatshaushalt 2009/10 bereits 60 Mio. N$ bereitgestellt, um den Neubau zu finanzieren. Dieser soll unbestätigten Angaben zufolge anlässlich des 20. Jahrestages von Namibias Unabhängigkeit (21. März 2010) fertiggestellt sein.

Ebenfalls unbestätigt ist, dass ein nordkoreanisches Bauunternehmen den Auftrag ausführen wird.

Fest steht jedoch: Der Deutsche Kulturrat (DKR) will den Abbau und Umzug des Reiterstandbildes begleiten, um sicherzustellen, dass dieses nicht beschädigt wird. Er wurde vom genannten Ministerium am 16. Juli schriftlich darüber informiert, dass das Reiterstandbild „innerhalb der nächsten zwei Wochen" umgesetzt werde. Allerdings hat das Ministerium wohl kein Geld für den Umzug eingeplant, weshalb der DKR nun einspringen will. Nach Aussagen des DKR-Vorsitzenden Eckhart Mueller habe man bereits Kontakt zu Baufirmen aufgenommen.

Überdies soll ein Sonderkonto zur Finanzierung eingerichtet werden. Die Kontodetails waren bis gestern noch nicht bekannt. ∎

Quelle:
Allgemeine Zeitung, 30.7.2009

Windhoeker Reiterdenkmal – Meißeln oben, Waffenfund unten

Quelle: Allgemeine Zeitung, 6.8.2009

Einen ungewöhnlichen Blick hat Wynand Pretorius von seinem derzeitigen Arbeitsplatz aus. Er war gestern dabei, auf dem Sockel des zum Umzug verdammten Windhoeker Reiterstandbildes um die Hufe des Pferdes herum zu meißeln. Damit will er im Auftrag des Deutschen Kulturrates herausfinden, wie stark es verankert ist. Um einen Umzug aufgrund des Museumsbaus noch zu verhindern, will Anwalt Andreas Vaatz nun eine Umfrage unter 1 000 schwarzen Windhoekern machen und sucht Hilfe. Wer sich 10 N$ pro befragter Person verdienen will, melde sich unter Telefon 061-225575. • Foto: Marco Mach

Bei Grabungen wenige Meter zwischen dem Reiterdenkmal und der Alten Feste wurden gestern 18 verrostete Gewehre und eine Granate ohne Zünder entdeckt, die vermutlich aus der deutschen Zeit stammen. Der Minister für Jugend, Nationaldienst, Sport und Kultur, Willem Konjore (links) und sein Staatssekretär Dr. Peingeondjabi Shipoh (rechts) sowie die Direktorin des Nationalmuseums, Ester /Gôagoses (Mitte) waren gestern Nachmittag auf der Baustelle, um den Fund zu begutachten. Weitere Waffen und unschädliche Munition werden an der Stelle vermutet. • Foto: Dirk Heinrich

104

Beliebtes Fotomotiv hinter Gittern

Die Umsetzungspläne des Windhoeker Reiterdenkmals scheinen bei der Bevölkerung auf nicht viel Gegenliebe zu stoßen. Das ergab eine kleine, nicht repräsentative Umfrage der AZ am Freitag. Die Regierung solle lieber einen neuen Standort für das an dieser Stelle geplante Unabhängigkeitsmuseum suchen, hieß es. Mehr dazu auf Seite 6. • Foto: Wiebke Schmidt

Quelle: Allgemeine Zeitung, 3.8.2009

Reiter wird durchnummeriert

Um die Steine des Reiterfundamentes ab- und einige Meter weiter identisch wieder aufbauen zu können, sind sie vorgestern nummeriert worden. Wynand Pretorius von EMS Contractors war deshalb mit der Sprühflasche am Werke. Wegen des Museumsbaus zwischen Christuskirche und Alte Feste muss der Reiter etwas weiterziehen. Die ersten Steine sollen vielleicht schon heute weggenommen werden. • Foto: M. Mach

Quelle: Allgemeine Zeitung, 7.8.2009

Pferd hat wohl

Abbau des Windhoeker Reiterdenkmals

Neue Erkenntnisse über das Windhoeker Reiterstandbild: Es scheint nicht – wie lange angenommen – ein gusseisernes oder -bronzenes Pferd zu sein, sondern eine sogenannte Galvano-Plastik. Heißt: Es handelt sich um ein mit Blech überzogenes Eisengerüst.

Von Marco Mach

Windhoek ➜ Dies hat nun eine vom Deutschen Kulturrat (DKR) beauftragte Kunstschmiede via Fotostudie herausgefunden, sagte gestern Klaus Jacobi, Vize-Vorsitzenden des DKR, der AZ. Weitere Untersuchungen sollen aber noch mehr Klarheit bringen, weshalb das Reiterdenkmal zwischen Christuskirche und Alter Feste vor Ende dieser Woche wohl noch nicht vom Sockel gehoben wird.

Die Tatsache, dass es sich scheinbar um keinen gegossenen, sondern um einen aufgebauten und hohlen Körper handelt, hat laut Jacobi Vor- und Nachteile: Deshalb sei das Pferd zwar leichter, aber müsse auch umso vorsichtiger und mit noch anzufertigenden Spezialgurten vom Sockel gehoben werden. Fest stehe bereits, dass das Pferd mit Blei in den Granitsockel eingegossen sei, was die Demontage nicht einfacher macht. Der DKR will aber trotz allem den Zeitplan versuchen einzuhalten und das Denkmal bis Ende August abmontieren. Der Reiter im Speziellen soll zwischen dem 14. und 20. August demontiert werden.

Die Vorbereitungen dazu laufen bereits auf Hochtouren. Gestern hat ein Dutzend Mitarbeiter der Firma EMS Contractors Steine vom Rande des Sockels abgemeißelt. Alle Steine sind vergangene Woche nummeriert worden, schließlich soll das Fundament einige Meter weiter hinten identisch wieder aufgebaut werden. Der neue Standort links neben der Treppe zur Feste ist mittlerweile schon abgesteckt. Doch auch bei all diesen Arbeiten stößt der DKR auf Unerwartetes. So ist der Mörtel zwischen den Steinen laut Harald Koch härter und die Gedenktafel fester befestigt als gedacht.

Weil der Sockel erst ab- und an neuer Stelle wieder aufgebaut werden muss, suchte der DKR für diese Zeit ein Übergangsquartier für den Reiter – und hat nun laut Koch auch eins gefunden. Dieses soll jedoch geheim gehalten werden, um Touristen oder potenzielle Zerstörer fernzuhalten. Das Denkmal wurde am 27. Januar 1912 an Kaisers Geburtstag enthüllt.

Aber nicht nur der Abbau des Reiters schreitet voran, auch der Bau des neuen Unabhängigkeitsmuseums an dessen Stelle. Bagger haben bereits zwischen dem Denkmal und der Alten Feste ein riesiges Loch ausgehoben, neben dem Reiter türmen sich die Erdhaufen. Aus dem Museum, das von Nordkoreanern gebaut wird und 60 Millionen Namibia-Dollar kostet, scheint das Ministerium für Öffentliche Arbeiten jedoch ein Geheimnis machen zu wollen. Diesbezügliche Fragen der AZ beantwortet das Ministerium bereits seit einer Woche nicht.

„Die Pläne offen zu legen, wäre jetzt jedoch an der Zeit", sagt auch Peter Brüggemann, Geschäftsführer des Swakopmunder Museums. Für ihn sei es nicht so wichtig, ob der Reiter hier oder einige Meter weiter stehe. Viel entscheidender sei die Frage, warum man das neue Museum nicht in das schon bestehende in der Alten Feste integriert oder dieses dafür erweitert?

einen hohlen Bauch

schwieriger als gedacht – Ministerium hält Museumspläne geheim

Der Windhoeker Regierungshügel gleicht immer mehr einer riesigen Baustelle. Hier soll ein Unabhängigkeitsmuseum entstehen. • *Fotos: Marco Mach*

Um einen Umzug des Reiters aufgrund des Museumsbaus doch noch zu verhindern, will Rechtsanwalt Andreas Vaatz eine Umfrage dazu unter 1 000 schwarzen und farbigen Windhoekern machen und sucht Mithilfe von Schülern. Doch das Interesse derer hält sich laut Vaatz in Grenzen, bisher hätten sich nur drei Personen gemeldet. Aufgeben will er aber noch nicht. Wer sich 10 N$ pro befragter Person verdienen will, melde sich weiter unter Telefon 061-225575. ∎

Fast ein Dutzend Arbeiter versuchten gestern, diesen großen, schweren Stein auf die Seite zu hieven.

Quelle: Allgemeine Zeitung, 11.8.2009

107

Der erste Umzug - 2009

In den vergangenen beiden Tagen wurden die Windhoeker und ihre Gäste Zeugen, wie sich das Reiterdenkmal nach und nach veränderte. Es wurde dick mit Luftpolster-Folie einge-

Quelle: Allgemeine Zeitung,
19.8.2009

packt. Ein Kran soll Reiter und Pferd nun vorsichtig anheben und in eine Kiste hieven, die extra mit Schaumstoff ausgekleidet wird. Dann geht es vorläufig in ein geheimes Domizil bis der Sockel vor der Alten Feste neu errichtet ist. Da gestern den ganzen Tag über ein starker Wind wehte, konnte das Standbild, wie ursprünglich geplant, noch nicht versetzt werden. „Wir wollen es nicht riskieren, dass durch den Wind das Denkmal irgendwo anschlägt und beschädigt wird", so Klaus Jacobi, Vize-Vorsitzender des Deutschen Kulturrates. • Fotos: Wiebke Schmidt

Quelle: The Namibian,
13.8.2009

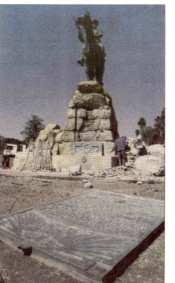

Quelle: Republikein, 12.8.2009

Der erste Umzug - 2009

Quelle: Allgemeine Zeitung, 20.8.2009

Endlich geschafft, der Reiter ist in der Kiste. In den kommenden Wochen wird der Granitsockel ab- und vor der alten Feste wieder aufgebaut. Dann kann der Reiter wieder zurück auf seinen Granitfelsen.

Quelle: Allgemeine Zeitung, 21.8.2009

Viele Autofahrer veranstalteten ein regelrechtes Hupkonzert und winkten aus ihren Fahrzeugen, als sie am Mittwochabend an einem Lkw der Windhoeker Firma AWH Engineering vorbeifuhren.

Denn der Tieflader hatte eine sehr prominente Ladung, die trotz vieler Meter Luftkissenfolie zu erkennen war: den Windhoeker Reiter. Dieser hatte sich „auf den Weg gemacht" und wurde in sein

vorläufiges Domizil gebracht. Dort wird er sicher aufbewahrt, um im November an seinem künftigen Standplatz, direkt vor der Alten Feste, erneut aufgestellt zu werden.
• Foto: Wiebke Schmidt

Windhoeker Reiter schwebt über

Einen kurzen Augenblick musste das Ross zwei Reiter tragen. Da am Vortag der Wind zu stark war, mussten die Hebe-Aktion auf den gestrigen Vormittag verlegt werden. Während unter den Hufen des Pferdes die Zapfen durchtrennt wurden, wurde das Denkmal von starken Gurten und einem Kranwagen sicher gehalten.

Verschiedene Mittel und Wege mussten ausprobiert werden, um die Zapfen zu durchtrennen.

Endlich schwebt das Reiterdenkmal zwei Meter über seinem angestammten Platz, auf dem es vor zirka 100 Jahren fest verankert wurde.

Gestern war der große Tag des Windhoeker Reiters. Bereits gegen sechs Uhr in der Früh trafen die Arbeiter des Transportunternehmens AWH Engineering ein, um sich ans Werk zu machen. Gleich zu Beginn sind sie allerdings auf Schwierigkeiten gestoßen. Die metallenen Zapfen, mit denen der Reiter mit dem Granitfelsen verbunden ist, ließen sich zunächst nicht durchtrennen. Doch schließlich ist es gelungen und das bronzene Denkmal konnte mit Hilfe extrem starker Gurte und einem Kran angehoben und in einen speziell für ihn vorbereiteten Container gehievt werden. „Diese Aktion hat mich zwei schlaflose Nächte gekostet", meinte Anthony Hearn von AWH Engineering erleichtert. Zu diesem Schauspiel haben sich viele Schaulustige eingefunden, die sich dieses historische Ereignis nicht entgehen lassen wollten. ∎

Wiebke Schmidt

Quelle: Allgemeine Zeitung, 20.8.2009

der Stadt

Mit dem Schild „Achtung – Reiterdenkmal in Transit" hat gestern Abend der Container mit dem Denkmal den Platz verlassen um an ein unbekanntes Ziel gebracht zu werden.
• Fotos: Wiebke Schmidt

Quelle: Allgemeine Zeitung, 20.8.2009

Der Mann der Stunde war Anthony Hearn, mit dessen Kenntnissen und sorgsamem Arbeiten der Reiter problemlos umgesetzt werden konnte.

Eine ungewöhnliche Perspektive: Extra für die Journalisten wurde ein weiterer Kran organisiert, aus dessen Korb sie das Denkmal in luftigen Höhen aufnehmen konnten.

Fundament für Reiterdenkmal vor Alter Feste fertig

Rund sieben Kubikmeter Beton sind am vergangenen Freitag in eine Grube mit einem 500 Kilogramm schweren Stahlgeflecht sowie mit den Außenmaßen 5,40 x 3,20 Meter vor der Alten Feste in Windhoek gepumpt worden. Somit waren das Fundament und die Bodenplatte für das Reiterdenkmal gegossen. „Der Beton benötigt nun eine Woche zum Aushärten", erklärte Reimund Stoldt, Ingenieur bei Lund Consulting Engineering. Seinen Angaben zufolge beginnt bald die Wiedererrichtung des Sockels, der aus zwölf Lagen besteht, die einzeln und mit entsprechenden Pausen aufgeschichtet werden sollen. Mitte Dezember soll der Sockel fertig sein. Harald Koch vom Deutschen Kulturrat freut sich indes darüber, dass der Umzug des Reiterdenkmals bislang fast ausschließlich von Sponsoren getragen wurde. So hätten City Concrete den Beton und Steel Force den Stahl für Fundament und Bodenplatte zur Verfügung gestellt. Das Reiterdenkmal soll Ende Januar 2010 am neuen Standort enthüllt werden. • Foto: AZ

Quelle: Allgemeine Zeitung, 12.10.2009

In der Zwischenzeit konnte das Fundament gegossen und der Granitsockel an seiner heutigen Stelle wieder aufgebaut werden.
Quelle: Allgemeine Zeitung, 12.10.2009

Reiter verbringt Geburtstag im Container

Wir schreiben den 27. Januar 2010. Heute vor genau 98 Jahren wurde das Reiterdenkmal von Windhoek eingeweiht. Sein Jubiläum verbringt der bronzene Reiter aber nicht wie ursprünglich geplant auf seinem hohen Ross, sondern eingepackt an einem geheim gehaltenen Ort.

Der Abbau des Reiterdenkmals vor rund fünf Monaten wurde von Nicola Brandt und Tanya Davidow ausführlich fotografiert. Die Bilder sind derzeit in einer Ausstellung in der Nationalgalerie zu sehen. • Foto: Nicola Brandt

Dort harrt das Standbild der Dinge. Welcher Dinge? Der Fertigstellung seines Sockels an seinem neuen Standplatz vor der Alten Feste.

Dass aus dem geplanten Geburtstagsfest nichts werden würde, hatte der Deutsche Kulturrat schon vor mehr als einer Woche bekannt gegeben. Die Arbeiten am neuen Standplatz des Reiterdenkmals haben sich verzögert – zuerst wegen der Feiertage um Weihnachten und Neujahr, dann aber auch noch wegen des täglichen Regens. Bei den derzeit starken Niederschlägen verwandelt sich die Zufahrtsstelle vor dem Denkmalsockel regelmäßig in ein Schlammloch – da kann er nicht mit Kran arbeiten, sagt Wynand Pretorius. Und den Kran braucht er täglich: Schließlich muss der Bauunternehmer Granitfelsen von bis zu 6,8 Tonnen Gewicht heben.

Pretorius und seine Firma EMS Contractors sind für die Wiedermontage des Granitsockels zuständig, auf dem das Reiterdenkmal steht. „Er hat wahrscheinlich die schwierigste Aufgabe von uns allen", sagt Ingenieurskollege Anthony Hearn. Rund 180 Steine verschiedenster Größenordnung machen das Grundgerüst aus, auf dem die Bronzestatue ruhte. Vielleicht hatte man die Steine damals vor mehr als 98 Jahren zwar künstlerisch effektvoll, aber dennoch relativ wahllos aufgeschichtet. Der Bauunternehmer muss dieses Zufallsprinzip nun aber originaltreu nachgestalten. Jeder Granitstein ist nummeriert, seine Position wurde vor der Demontage fotografisch festgehalten. Nun soll er wieder genau so zum Liegen kommen. „Manchmal brauchen wir einen kompletten Tag, um ein oder zwei Steine zu platzieren", seufzt Pretorius.

Bis Freitag, so hofft der Bauunternehmer, könne er vielleicht trotzdem fertig sein mit dem Wiederaufbau des Sockels. Dann müssen die farbig markierten Steine per Sandstrahl gereinigt werden, und es wird mindestens eine weitere Woche Arbeit im Umfeld des Sockels anfallen, bevor alles bereit ist für den Rücktransport des Denkmals.

Dafür ist unter anderem Anthony Hearn von der Firma AWH Engineering zuständig. Er hatte das Bronzedenkmal im August 2009 abmontiert – und deswegen zahllose schlaflose Nächte gehabt. „Die größte Herausforderung war, den Gewichtsschwerpunkt der Statue zu errechnen", erinnert er sich. Reiter und Pferd sind aus einem einzigen Bronzeguss, der innen hohl ist. Man wusste nicht, wie schwer die Skulptur ist und wie sie sich verhalten würde, wenn man sie mit einem

Quelle: Allgemeine Zeitung, 27.1.2010

Der erste Umzug - 2009

Kran anhebt. Eine Fehlberechnung, und das kostbare Stück hätte beim Anheben kippen und zu Boden schnellen oder bei der Loslösung vom Sockel hätten die Beine abbrechen können. „Wenn der Reiter beschädigt worden wäre...", sagt Hearn und schüttelt lachend den Kopf, „ich glaube, dann wäre ich bei Nacht und Nebel ausgewandert."

Hearn und Pretorius sind zwei von vielen Windhoeker Unternehmern, die sich der Umsiedlung des Reiterdenkmals angenommen haben, ohne dafür ein Honorar zu verlangen. Zwar hatte der Deutsche Kulturrat (DKR) Spendengelder gesammelt, um den Umzug des Reiters zu finanzieren, aber man habe noch längst nicht alle Gelder ausgeschöpft, sagt DKR-Vorstandsmitglied Klaus Peter Jacobi, weil viele Auftragnehmer ihre Arbeit unentgeltlich machen. „Ich bin in Windhoek aufgewachsen. Das Reiterdenkmal ist Teil unserer Geschichte. Wir wollen dieses Bild für unsere Kinder erhalten", erklärt Pretorius sein freiwilliges Engagement. „Wir haben diesen Job auch als Herausforderung gesehen", fügt Hearn hinzu. „Soweit ich weiß, ist in Namibia noch nie ein Denkmal versetzt worden. Ich bin stolz darauf, dabei mithelfen zu können."

Die historische Wiedermontage soll deshalb auch ein großes Ereignis werden. Schätzungen zufolge könnte es Ende Februar endlich soweit sein, dass Anthony Hearn den Reiter aus dem Container befreit, in dem er zwischengelagert. Der Rücktransport erfordert genau so viel Vorsicht wie der Abbau und -transport vor fünf Monaten. Die Öffentlichkeit soll zuschauen dürfen, wenn das Standbild dann zurück auf seinen Sockel gesetzt wird, der nun rund 100 Meter weiter südlich und direkt vor dem Eingang der Alten Feste steht. Von hier aus kann der Reiter dann wieder Richtung Sonnenuntergang auf die Stadt Windhoek hinabblicken. Und seinen 98 Geburtstag nachfeiern. ∎

Irmgard Schreiber

Rund sechs Monate blieb das Reiterdenkmal von der Bildfläche verschwunden. Während der Zeit zwischen Demontage und Wiedermontage war es in einem Container versteckt, der auf einem Firmengrundstück in der Silverstraße stand.
Quelle: Allgemeine Zeitung, 3.3.2010

Mittwochnacht wurde das Reiterdenkmal an einen geheimen Aufenthaltsort gebracht.
Quelle: Republikein, 24.8.2009

Quelle: Allgemeine Zeitung, 27.1.2010

Der Reiter steht vor der Alten Feste - 2010

Am 1. März 2010 wird das Reiterdenkmal am neuen Platz vor der Alten Feste wieder auf seinem Sockel montiert. Anlässlich des Volkstrauertages, am 14. November 2010, findet unter mäßiger Beteiligung die Wiedereinweihung des Denkmals statt. Organisiert wird die Gedenkfeier von der namibischen Sektion des „Traditionsverbandes ehemaliger Schutz- und Überseetruppen". Der Deutsche Kulturrat (DKR) hatte sich zuvor von der Ausrichtung der Feier zurückgezogen. Die in Windhoek erscheinende Allgemeine Zeitung kommentiert die Querelen um die Zeremonie als Anzeichen für die „Zerstrittenheit der deutschsprachigen Gemeinschaft" in Namibia.
(Foto: E. Hofmann, 1.3.2010)

Die Kinder von dem Moira Grace Children Shelter freuen sich, dass das Reiterdenkmal wieder zurück ist und vor der Alten Feste steht.
Quelle: New Era, 29.3.2010

Denkmalumzug: Präzisionsarbeit bis zum Ende

Etwas überraschend kam sie dann doch, die Rückkehr des Reiterdenkmals in die Windhoeker Innenstadt. Nachdem der für den 2. Januar geplante Umzug wegen Verzögerungen abgesagt werden musste, wurde das Standbild schließlich am 26. Februar wieder auf den Sockel gesetzt.

Seit vergangenen Freitag also thront das alte Standbild am neuen Standort – vor dem Eingang der Alten Feste – über der Hauptstadt. Viele Windhoeker und Besucher des Landes, die die Montage miterlebt oder den Reiter im Anschluss gesehen haben, äußerten sich zufrieden.

„Wir haben kurzfristig über den Umzug entschieden; bei Regen hätte es nicht geklappt", erklärte Harald Koch, Beauftragter vom Deutschen Kulturrat in Namibia (DKR) für die Umsetzung des Standbildes, auf AZ-Nachfrage. Und so wurden der Kran sowie das Reiterdenkmal, das seit seiner Demontage im August 2009 in einem Container aufbewahrt wurde, bereits in der Nacht zum Freitag zur Alten Feste transportiert. „Die letzte Nacht im Container hat der Reiter vor Ort verbracht", scherzt Koch.

Auch zum Finale des Reiterdenkmalumzugs war das gefragt, was sich bereits in den vorausgegangenen Monaten als so wichtig erwiesen hat: Präzisionsarbeit. So

musste eines der vier Löcher im Sockel, in die die Edelstahlstifte an den Hufen des Denkmals versenkt werden sollten, noch mit einem Kernbohrer nachgeschnitten werden, um die Öffnung zu vergrößern. Weil dadurch Wärme entsteht und die Klebemasse deshalb zu schnell aushärten würde, ist das größere Loch bzw. der Stein kurzerhand mit eine Flasche Eiswasser gekühlt worden. Erst dann wurde jeweils ein Liter Epedermix, ein 2-Komponenten-Industriekleber, in jedes Loch gegeben. Dieser bindet sofort und härtet normalerweise nach drei Tagen aus – „bei diesen Temperaturen aber schon nach drei Stunden", erklärte Koch.

Dann erst schwebte das knapp zwei Tonnen schwere, am Kran befestigte Standbild langsam über den Sockel und Zentimeter für Zentimeter nach unten. Die vier Edelstahlstifte, jeweils 30 cm lang und mit einem Durchmesser von sechs Zentimetern, fanden in die Löcher und versanken schließlich darin. Die Hufen setzten auf dem Sockel auf – der Reiter steht! Spontaner Beifall von neugierigen Zuschauern. Etwas Klebemasse wird aus den Löchern gedrückt und abgekratzt. „Wer den Reiter das nächste Mal abbauen will, wird es schwerer haben als wir", kommentierte Reimund Stoldt von Lund Consulting. Schließlich ersetzen die vier rostfreien Edelstahlstifte nicht nur ein Quartett aus Bronze, sondern haben auch einen zwei Zentimeter größeren Durchmesser. Außerdem sollte der Industriekleber besseren Halt gewähr-

Zentimeterarbeit: Mit einem Kran wird das knapp zwei Tonnen schwere Reiterdenkmal auf den Sockel gehievt, der vor der Alten Feste originalgetreu wieder aufgebaut wurde.
● *Fotos: Stefan Fischer*

leisten als das Blei, das einst zum Ausfüllen der Löcher verwendet wurde.

Es sei „keine leichte Aufgabe" gewesen, untertreibt Koch, der von der ersten Planung der Reiterumzugs bis zur endgültigen Montage die Zügel nie aus der Hand gegeben hat. Niemand habe Rat geben können, fügt er hinzu. Und obwohl man bei ihm den Unterschied nicht wahrnehmen könnte, meint er zu wissen: „Ich habe viele graue Haare bekommen."

Am 28. März, ein Sonntag, um 9 Uhr soll die feierliche Einweihung des Reiterdenkmals am neuen Standort stattfinden. So hat es der Kulturrat beschlossen und will dazu Ehrengäste einladen. Harald Koch indes hat bis dahin Zeit, alle Kosten und Aufwendungen für das Umzugsprojekt auszurechnen. Bislang hätten Material und Arbeitsleistungen rund 300 000 Namibia-Dollar gekostet, der Großteil davon sei durch Sponsoring ge-

Quelle: Allgemeine Zeitung, 1.3.2010

Der Reiter steht vor der Alten Feste - 2010

deckt worden. Insgesamt, so schätzt Koch, werde sich die Gesamtsumme auf 750 000 bis eine Millionen Namibia-Dollar belaufen.

Der Reiter steht wieder auf seinem Sockel und blickt über Windhoek hinweg ins Khomas-Hochland. Nur ca. 100 Meter von seinem ursprünglichen Standort entfernt, wo jetzt der Neubau des 60 Mio. N$ teuren Unabhängigkeitsmuseums Gestalt annimmt. Die Nordkoreaner, die den Koloss bauen, waren interessierte Zaungäste des Denkmalumzugs. Was mögen sie sich gedacht haben? ∎

Stefan Fischer

Klebrige Angelegenheit: Die vier Löcher im Sockel werden mit einem Industriekleber gefüllt, damit die Edelstahlstifte an den Hufen gut verleimt sind und den bestmöglichen Halt haben.

Quelle: Allgemeine Zeitung, 1.3.2010

Reiterdenkmal thront nun vor der Alten Feste

Während Schüler der Windhoek-Oberschule am vergangenen Freitag nach ...hlschluss an der Robert Mugabe Avenue auf ihre Abholung warten, wird vor der benachbarten Alten Feste das Reiterdenkmal auf den Sockel gehoben. Rund ein halbes Jahr nach der Demontage ist das Standbild somit in die Innenstadt zurückgekehrt. Zwischenzeitlich wurde es in einem Container aufbewahrt, damit der neue Standort vorbereitet werden konnte. Die Skulptur wurde bereits ausgepackt, die offizielle Wiedereinweihung findet aber erst am 28. März statt. Der Umzug des Reiterdenkmals wurde vom Deutschen Kulturrat in ...amibia (DKR) organisiert, ... dafür viele Sponsoren ge... den hat. Mehr über die Rückkehr des Reiters auf den Seiten 2 und 9.

• Foto: Eberhard Hofmann

Quelle: Allgemeine Zeitung, 1.3.2010

Impressionen von der Rückkehr des Reiters in die Innenstad

Nach über einem halben Jahr Pause bietet sich das Reiterdenkmal wieder als Fotomotiv an - freilich vor anderer Kulisse, denn das Standbild thr
jetzt vor dem Eingang zur Alten Feste. Die offizielle Einweihung findet am 28. März statt. • *Fotos: Stefan Fischer (5) und Clemens von Alte*

Die vier Edelstahlstifte an den Hufen des Pferdes werden in Löcher im Sockel versenkt,
die mit einem speziellen Industriekleber gefüllt wurden, der schnell aushärtet.

Stolz und erhaben thront der Schutztruppen-Reiter auf der Anhöhe vor dem Haupteingang der Alten Feste in Windhoek und blickt nach Nordwesten, ins Khomas-Hochland. Am vergangenen Freitag ist das Standbild an dieser Stelle auf den Sockel gesetzt worden, nachdem es gut ein halbes Jahr in einem Container zwischengelagert wurde. Nun steht der Reiter ca. 100 Meter von dem Platz entfernt, wo er vor 98 Jahren aufgestellt und im August 2009 schließlich abmontiert wurde, weil er dem Neubau des Unabhängigkeits-Museums weichen muss. Die Ausrichtung des Denkmals ist zu 100% gleich geblieben. Für den Umzug des Reiterstandbildes hat der Deutsche Kulturrat (DKR) willige Sponsoren gefunden. Aus der Bevölkerung gingen zudem Geldspenden ein. Die Gesamt-

Quelle: Allgemeine Zeitung, 1.3.2010

Impressionen von der Rückkehr des Reiters in die Innenstadt

lich abmontiert wurde, weil er dem Neubau des Unabhängigkeits-Museums weichen muss. Die Ausrichtung des Denkmals ist zu 100% gleich geblieben. Für den Umzug des Reiterstandbildes hat der Deutsche Kulturrat (DKR) willige Sponsoren gefunden. Aus der Bevölkerung gingen zudem Geldspenden ein. Die Gesamtkosten könnten sich auf bis zu eine Million N$ belaufen, hieß es. Nachdem das Reiterdenkmal am neuen Standort bereits enthüllt wurde, gab der DKR den Termin für die feierliche Einweihung an diesem Platz bekannt: Diese soll am Sonntag, den 28. März, um 9 Uhr stattfinden. ■

Einige neugierige Windhoeker und Touristen haben stundenlang ausgeharrt und den Prozess verfolgt, wie der Reiter auf den Sockel gehoben wurde.

Stefan Fischer

Gut eingepackt und geschützt wurde das 1 995 kg schwere Reiterdenkmal per Kran auf den Sockel gehievt.

...mittelbar nach dem Aufsetzen des Standbildes wur... di... ausgepackt und somit wieder sichtbar.

Quelle: Allgemeine Zeitung, 1.3.2010

Impressionen von der Rückkehr des Reiters in die Innenstadt

Die Rückkehr des Reiterdenkmals in die Innenstadt wurde von einigen Windhoekern sowie Namibia-Besuchern aufmerksam verfolgt. Das Bild zeigt Harald Koch (vorn), Beauftragter vom Deutschen Kulturrat in Namibia (DKR) für die Umsetzung des Standbildes, Hartmut Voigts (r.) vom Volkstanzkreis Windhuk sowie weitere Interessierte in Feierlaune, nachdem das Standbild seinen neuen Platz gefunden hat.
● Foto: Stefan Fischer

Quelle: Allgemeine Zeitung, 3.3.2010

Ein Kran hievt die Skulptur, die 1 995 Kilogramm wiegt, auf den Sockel, dann wurde der Reiter "ausgepackt". Die feierliche Einweihung am neuen Standort findet am 28. März ab 9 Uhr statt.

Quelle: Allgemeine Zeitung, 3.3.2010

Der Traditionsverband ehemaliger Schutz - und Überseetruppen, Sektion Nambia lädt ein zur

Gedenkfeier und Neu-Einweihung des Reiterdenkmals

vor der Alten Feste in Windhuk am **Sonntag, 14. November 2010, um 9.30 Uhr vormittags**

sowie zur anschließenden

Gedenkfeier der MOTH am „Cross of Sacrifice"

Quelle: Allgemeine Zeitung, 10.11.2010

Der Reiter steht vor der Alten Feste - 2010

Reiterdenkmal-Umzug: Dank an viele Helfer

Die wohl schwierigste Aufgabe beim Umzug des Reiterdenkmals war der Abbau des Sockels und dessen originalgetreuer Wiederaufbau am neuen Standort vor der Alten Feste. Dabei war Maßarbeit gefragt, denn Sockel und Figur sollten die exakt gleiche Ausrichtung haben. Ein sechsköpfiges Team unter Leitung von Wynand Pretorius (EMS Contractors) hat sich dieser Herausforderung gestellt und sie mit Bravour gemeistert. Hier die kleinen Helden vor ihrem großen Werk, v.l.n.r.: Elago Iiyambo, Sam Uutoni, Mathews Ibinga, Wynand Pretorius, Shikundo Martinus und Dangi Angula.   • Foto: Harald Koch

Quelle: Allgemeine Zeitung, 3.3.2010

Der Reiter steht vor der Alten Feste - 2010

REITERDENKMALVERSCHIEBUNG
RELOCATION OF THE EQUESTRIAN MONUMENT

Harald W. R. Koch
P. O. Box 9232
WINDHOEK
5th March 2010

The Permanent Secretary
Ministry of Works and Transport
Private Bag 13341
WINDHOEK

Dear Mr. Ronald Mugandiwa,

RELOCATION OF THE HORSE MONUMENT (REITERDENKMAL)

1. Reference is made to the decision taken by Cabinet to shift the equestrian monument at its 16th Ordinary Meeting of 26 June 2001.

2. In line with the assignment of the task to relocate the monument to the German Cultural Association of Namibia by the Ministry of Works and Transport, dated 23rd July 2009, I the initiator and coordinator of the relocation activities for the German Cultural Association of Namibia and the contact to Government regarding this initiative have the honor to inform you, that the task has been duly completed on 5th March 2010.

3. I hereby invite you to a technical take over inspection on a date and time to be arranged at your convenience.

4. It is my understanding that the responsibility for an irrigation network and the re-planting of lawn is the responsibility of the Ministry of Works and Transport, who removed it prior to the commencement of the works.

5. The only outstanding issues are:

    5.1 Affixing the Namibian emblem of the National Heritage Council of Namibia to the granite pedestal of the equestrian monument once the emblem has been made available by the Council (see Appendix 1).

    5.2 Repairing a manhole in the pavement which was damaged by the heavy equipment when entering the site during the re-construction on Friday 26th February 2010.

6. The costs for the relocation once all invoices have been paid from amounts sponsored by private firms involved or funded from donations from the public and from abroad, will be made known to all.

7. I thank all involved for allowing me to relocate the monument for and on behalf of the Government of the Republic of Namibia and for their trust, good cooperation and interest in preserving the heritage of this country.

Yours sincerely,

H W R Koch
Initiator and Coordinator of the Relocation of the Equestrian Monument

CC   Mr. George Simaata, Permanent Secretary, Ministry of Works and Transport
Dr. Peingeondjabi T. Shipo, Permanent Secretary, Ministry of Youth, National Service, Sports and Culture
Mr. Frans Kapofi, Secretary to Cabinet, Minister of Presidential Affairs and Personnel
Mr. S M April, Director National Heritage Council of Namibia

Quelle: Harald Koch

Der Reiter steht vor der Alten Feste - 2010

ANSPRACHE ZUR WIEDERHERSTELLUNG DER TOTENRUHE AM REITERDENKMAL
28. MÄRZ 2010

Kameraden der Kameradschaft deutscher Soldaten und des Traditionsverbandes ehemaliger Schutz- und Überseetruppen, fellow members of the Memorable Order of the Tin Hats, Mitglieder der Kriegsgräberfürsorge und des Volkstanzkreises Windhuk, liebe Gäste, meine sehr verehrten Damen und Herren,

Überall in Namibia stößt man auf Kriegsgräber deutscher Soldaten, die im Kampf gegen die Eingeborenen fielen. Später kamen noch die Gefallenen der Kämpfe gegen die Unionstruppen 1914/15 des Ersten Weltkrieges dazu. Nicht alle Gräber sind mit einer Bronzetafel oder einem Marmorstein gekennzeichnet und nicht ständig in einem gepflegten Zustand. Es galt eine gemeinsame Gedenkstätte, zum würdigen Andenken aller im Lande weit verstreutenToten, zu schaffen.

Auf Anregung von Gouverneur Theodor Leutwein übergab eine Dame, Frau Anna Prausnitzer, dem deutschen Kaiser Wilhelm II, 500 Mark für die Errichtung eines Denkmals im damaligen Südwest. Weite Kreise des deutschen Volkes haben zu diesem Denkmal beigetragen, der Anregung folgend, die besonders von dem früheren verdienten Kommandeur der Schutztruppe, dem Obersten von Estorff, ausgegangen ist und bei der Deutschen Kolonialgesellschaft und ihrem erlauchten Präsidenten tatkräftige Förderung fand. Die hiesige Farmervereinigung griff den Gedanken auf und brachte weitere 1000 Mark für diesen Zweck zusammen. Damit sollte das Denkmal dann eine Erinnerung an alle Gefallenen sein – auch an die 3% Ermordeten der deutschen Zivilbevölkerung. Die Inschrift der Gedenktafel zeugt von dieser Erweiterung. Durch weitere Spenden erhöhte sich der Betrag auf 5000 Mark und der Wunsch konnte verwirklicht werden. Die Zivilbevölkerung hatte also das Denkmal gesetzt, dass am 27. Januar 1912 enthüllt wurde, und nicht die damalige deutsche Regierung.

So ähnlich verlief auch die Verschiebung des Reiterdenkmals zur Jahreswende 2009/10. Es war ausschließlich ein Verdienst der vielen Gönner, Spender und Helfer aus der hiesigen Bevölkerung und aus Deutschland und nicht ein Verdienst der Namibischen Regierung, die weder Pläne für die Umsetzung erstellt hatte, noch finanzielle Mittel zur Verfügung stellte.

Gerade wir Deutschen hier in Namibia, die wir mitten drin stehen im wechselvollen Ringen um Entstehen und Gestaltung einer neuen, unabhängigen Republik Namibia, die wir täglich am eigenen Leibe verspüren, wie auf hochgespannte Hoffnungen und Erwartungen bittere Enttäuschung und Niedergeschlagenheit folgen, wie in diesem Ringen des wirtschaftlichen Lebens Personen und Interessen hart aufeinander stoßen. Gerade wir müssen stets dessen bedacht sein, dass aus diesem Land und seiner Völkervielfalt nur dann ein würdiger Staat werden kann, wenn wir bei allen Kämpfen und Sorgen des täglichen Lebens den Gedanken an unser Deutschtum hochhalten, an unsere Deutsche Sprache, an unsere Kultur und an unsere Geschichte, die uns mit diesem Lande verbindet.

Der „Reiter von Südwest" oder früher auch „Landes-Kriegerdenkmal" genannt, bleibt uns somit an seiner neuen Stelle als eines der prominentesten Wahrzeichen Windhoeks, und als das bekannteste Kriegerdenkmal in Namibia erhalten.

Seit dem 26. Februar 2010 – also nach 98 Jahren – steht der „Reiter von Südwest" stolz auf seinem neuen Platz vor der Alten Feste und blickt weiterhin über Windhoek – ein Symbol dessen was war, was heute ist und was in Zukunft noch sein wird.

Es ist mein Herzenswunsch, dass unter reger Beteiligung, und ohne sich eingeschüchtert zu fühlen, die jährlichen Gedenken im November an dieser Stelle stattfinden werden. Auch aus „political correctness" sollte man diesen Gedenken nicht fernbleiben. Denn wir haben ein Recht darauf unserer Toten zu gedenken. Dieses Recht dürfen wir für uns in Anspruch nehmen, denn auch die anderen Volksgruppen in Namibia gedenken ihrer Toten. Die Bondelswarts in Warmbad, die Rehobother Bastards bei Tsamkhubis, die Herero bei Hamakari, in Okahandja sowie in Omaruru, die Witboois bei Goamus und selbst die SWAPO in Ongulumbashe und beim Heldenacker. Allen Toten gebührt Ehre, Respekt und ein ewiges Gedenken.

Heute, hier am Reiterdenkmal, **gedenken wir in Treue** der ermordeten Männer, Frauen und Kinder, sowie der Gefallenen, Vermissten und in Lazaretten verstorbenen Soldaten der Kaiserlichen Schutztruppe für Deutsch-Südwestafrika. **Wir gedenken in Ehrfurcht** der durch die Waffen der Schutztruppe gefallenen einstigen Gegner, die Herero und Nama, und **wir gedenken in Dankbarkeit** der in weiteren Kriegen für Freiheit, Demokratie und Gerechtigkeit getöteten Menschen unseres Landes, Namibia.

Es ist an der Zeit, 20 Jahre nach der Unabhängigkeit, dass die Deutschsprachige Gemeinschaft in Namibia ihren rechtmäßigen Platz in der Gesellschaft einnimmt. Sie sollte Hammer ihres eigenen Schicksals sein und nicht der Amboss. Sie sollte aufhören hilfloses Opfer in einer neuen Umgebung zu sein, sich erheben für den Erhalt des Deutschtums in diesem Lande und sich wehren gegen alle Anschuldigungen der Verantwortung für Missetaten in der Vergangenheit, an denen sie nicht aktiv beteiligt war.

Wir danken allen, die zur erfolgreichen Verschiebung dieses Denkmals beigetragen haben.

Meine Damen und Herren, ich danke Ihnen.

Harald W. R. Koch
Koordinator der Reiterverschiebung

Quelle: Harald Koch

Reiterdenkmal am neuen Standort eingeweiht

Unter mäßiger Beteiligung hat gestern die Wiedereinweihung des Reiterdenkmals in Windhoek stattgefunden, verbunden mit dem Gedenken der Opfer von Krieg und Gewaltherrschaft anlässlich des Volkstrauertages. Die Redner haben die Aspekte von Frieden, Versöhnung und Erhalt der Tradition in den Vordergrund gestellt sowie an die entsprechende Verpflichtung für die nachkommenden Generationen erinnert. Im Anschluss wurden hier und an einem anderen Ort Kränze niedergelegt. Die Reiterstatue musste vergangenes Jahr vom historischen Standort weichen, weil dort ein Museum gebaut wird. Im Februar 2010 wurde es vor der Alten Feste aufgestellt. Mehr dazu auf Seite 3.
• Foto: Dirk Heinrich

Quelle: Allgemeine Zeitung, 15.11.2010

Gedenken betont die

Wiedereinweihung des Reiterdenkmals vor der Alten Feste in

Mit einer Gedenkfeier hat gestern die Wiedereinweihung des Reiterdenkmals in Windhoek stattgefunden. Zugleich wurde der Toten aus allen Kriegen in diesem Land gedacht. Im Fokus standen Botschaften von Frieden, Versöhnung und Erhalt der Tradition.

Von Stefan Fischer

Windhoek → Der Volkstrauertag, an dem stets den Opfern von Kriegen und Gewaltherrschaft gedacht wird, bildete am Sonntag den Rahmen für die Wiedereinweihung des Reiterdenkmals. 1912 als Kriegerdenkmal eingeweiht, wurde die Statue im August 2009 am historischen Standort abmontiert und im Februar dieses Jahres vor der Alten Feste aufgestellt. Die gestrige Veranstaltung wurde von der namibischen Sektion des Traditionsverbandes ehemaliger Schutz- und Überseetruppen – Freunde der früheren deutschen Schutzgebiete e.V. organisiert, rund 100 Personen nahmen daran teil.

„Wir sind eingebunden in die Schicksalsgemeinschaft der Gesellschaft", sagte Hans Feddersen zur Begrüßung. Dazu gehöre, dass man den Toten aus den Kriegen, „egal auf welcher Seite sie gestanden haben", gedenkt. „Traditionen bedeutet Brücken bauen zwischen Menschen und Gesellschaft", so Feddersen. Der Reiter, so führte er aus, sei zwar nicht gestürzt worden, allerdings habe der Versöhnungsgedanke eine Dämpfer bekommen, als das Kabinett die Neubebauung des historischen Standortes beschlossen habe, wodurch das Standbild folglich verschwinden musste. Aber: „Demokratie und Versöhnung werden immer wieder Rückschläge erhalten", sagte Feddersen, genauso wie sie „nicht verordnet" werden könnten. Ein Gedenken wie das am Sonntag „betont gemeinsame Ideale", führte er aus und symbolisierte dies mit Fragen an die Anwesenden, die beantwortet werden müssten: „Welche Kultur vertreten wir? Was muss geschützt und erhalten werden?"

Für „ewige Ruhe" aller Kriegsopfer in diesem Land bat Wolfgang Biederlack bei der Andacht während der Veranstaltung.

Harald Koch, Koordinator der Verschiebung des Denkmals, würdigte zunächst den Berliner Bildhauer Adolf Kürle, der die zwei Tonnen

Quelle: Allgemeine Zeitung, 15.11.2010

Für sein großes Engagement bei der Organisation und Leitung des Reiterumzugs wurde Harald Koch gestern ausgezeichnet. Trotz des Todes seiner Frau Astrid vor wenigen Tagen ließ er es sich nicht nehmen, die Festrede zur Wiedereinweihung des Reiterdenkmals zu halten.

• Fotos: Dirk Heinrich

Quelle: Allgemeine Zeitung, 15.11.2010

„gemeinsamen Ideale"

Windhoek und mahnende Worte zum Volkstrauertag 2010

schwere Bronzestatue entworfen hat, die auf einem ca. 160 Tonnen schweren Sockel steht. „Ich bin sicher, dass die vollendete Verschiebung der originalen Gestaltung des Künstlers gerecht wurde und dass das Denkmal an diesem Ort dem Künstler auch gefallen hätte", sagte er. Mehr noch: Die Verschiebung habe „der Symbolik und der Ausstrahlung des ‚Reiters von Südwest' keinen Abbruch getan. Im Gegenteil. Die Kulisse der Alten Feste im Hintergrund erhöht den kulturhistorischen Wert der deutschen Kolonialepoche dieses Landes wesentlich".

Der Regierung warf Koch indes „Verantwortungslosigkeit" vor, weil sie die Kosten der Verschiebung des Denkmals nicht übernehmen wolle. Dies sei „konträr zur Versöhnungspolitik der Regierung". Er hoffe, „dass die Verantwortlichen sich dieser Pflicht doch noch bewusst werden". Kritik übte er auch am Deutschen Kulturrat (DKR), der sich von einer ‚Wiedereinweihungsfeier' distanziert hat. Dessen Mitgliedsvereine „sollten sich wegen dieser Verhaltensweise schämen und sich erneut auf die alten Werte der deutschen Kultur in diesem Land besinnen", so Koch. Der DKR hatte in seiner Jahreshauptversammlung im September bekannt gegeben, dass er das Reiterstandbild als nationales Denkmal nach erfolgtem Umzug der Regierung offiziell übergeben habe und dies auch schriftlich bestätigt worden sei (AZ berichtete).

„In Gedanken an die toten Soldaten", führte Koch aus, „wollen auch wir den Frieden". Und: „Die heutigen Generationen, sichtbar und unsichtbar, haben das unerfüllte Leben dieser gefallenen Soldaten und ermordeten Bürger zu übernehmen. (…) Unsere Pflicht ist es, ehrenvoll für unser Land Namibia zu leben, bis auch unsere Stunde gekommen ist."

Als „denkwürdiges Ereignis" bezeichnete Ulla Schroeder, 1. Vorsitzende des Traditionsverbandes in Deutschland, die Wiedereinweihung. Traditionen zu erhalten bedeute die „Besinnung auf unsere Wurzeln", sagte sie. Dies und die Ausrichtung einer solchen Feier habe nichts mit ewig Gestrigen zu tun, betonte Schroeder.

Nach einer Kranzniederlegung an der Reiterstatue bekam Harald Koch eine Anerkennung für sein Engagement zur Verschiebung des Denkmals, die er überrascht und sehr bewegt entgegennahm. Im Anschluss gab es eine Feier zum Gedenken der Opfer aus dem Ersten und Zweiten Weltkrieg mit Kranzniederlegung am „Cross of Sacrifice". ∎

Quelle: Allgemeine Zeitung, 15.11.2010

127

Wiedereinweihung des Reiterdenkmals - 14.11.2010

ANSPRACHE ZUR NEU-EINWEIHUNG DES REITERDENKMALS
14. NOVEMBER 2010

Kameraden der Kameradschaft deutscher Soldaten und des Traditionsverbandes ehe-maliger Schutz- und Überseetruppen, fellow members of the Memorable Order of the Tin Hats, Mitglieder der Kriegsgräberfürsorge und des Volkstanzkreises Windhuk, liebe Gäste, meine sehr verehrten Damen und Herren,

Es ist mir eine große Ehre und ein besonderes Vorrecht heute, hier die Festrede zur Neu-Einweihung des Reiterdenkmals halten zu dürfen. Genau so ehrfürchtig, aber auch stolz, wie ich mich heute fühle, hat sich sicherlich auch der damalige Gouverneur des Schutzgebietes Deutsch Südwestafrika, Dr. Theodor Seitz bei seiner Rede zur Enthüllung des Denkmals am 27. Januar 1912 gefühlt.Ehrfürchtig und stolz war auch der Farmer und Kaufmann, Gustav Voigts, der im Januar 1929 auf der lichten Höhe vor dem deutschen Reiterdenkmal, die kulturpolitische Gedächtnisfeier zum fünfundzwan-zigsten Jahrestag des Hereroaufstandes, hielt.

Ich verneige mich in Ehrfurcht vor der enormen Leistung des Berliner Bildhauers Adolf Kürle und seinen, von der kaiserlichen Schutztruppe zur Verfügung gestellten Helfern, die zur Jahreswende 1911/12 unter seiner Leitung und mit einfachen Mitteln, dieses Landeskriegerdenkmal an seinem ursprünglichen Standort errichteten. Man bedenke, dass die 4,5 Meter hohe Bronzestatue zwei Tonnen auf die Waage bringt, der schwer-ste Granitblock 5,5 Tonnen wiegt und der Sockel ein Gesamtgewicht von etwa 160 Tonnen hat. Da kann ich aus Erfahrung sprechen, habe ich doch zur Jahreswende 2009/10, als Initiator und Koordinator die volle Verantwortung und Aufgabe der Rei-terverschiebungsaktion auf mich genommen. Wir haben mit modernstem Gerät, neu-ster Technik und erfahrenen Helfern und Gönnern dieses, von Adolf Kürle geschaffene Denkmal abmontiert, und es dann wieder hier, vor der Alten Feste aufgestellt. Ich bin sicher, dass die vollendete Verschiebung der originalen Gestaltung des Künstlers ge-recht wurde, und dass das Denkmal an diesem Ort dem Künstler auch gefallen hätte.

Der Bildhauer Adolf Kürle wurde am 20. März 1865 in Kassel geboren. Er war Schüler der Akademie in Kassel und des Städelinstitutes in Frankfurt am Main, sowie Mitglied der Akademie der Künste und des Vereins der Künstler Berlin. Er schuf das Denkmal in seinem Atelier in Schmargendorff und es wurde in der Gladbeck'schen Gießerei in Berlin gegossen. Nach der Einweihung des Reiterdenkmals begab sich Kürle auf Heimreise und verstarb am 6. April 1912 in Berlin. Kaiser Wilhelm II. verlieh dem Ver-storbenen den Roten-Adler-Orden IV. Klasse.

Die Verschiebung des Denkmals hat meiner Meinung nach der Symbolik und der Aus-strahlung des „Reiters von Südwest" keinen Abbruch getan. Im Gegenteil. Die Kulisse der Alten Feste im Hintergrung erhöht den kulturhistorischen Wert der deutschen Ko-lonialepoche dieses Landes wesentlich.

Der Brauch einer Neu-Einweihung eines Gebäudes, verschobenen oder wiedererrichteten Denkmals ist weltweit gang und gäbe. Das beste Beispiel ist die Dresdner Frauenkirche, die nach der Zerstörung im Zweiten Weltkrieg wiedererbaut und feierlich neu-eröffnet wurde. Daher ist es unverständlich, dass der Deutsche Kulturrat in Namibia sich gegen eine Neu-Einweihung aussprach und sich von so einer Gedenkfeier distanzierte. Die Mitgliedervereine im Deutschen Kulturrat sollten sich wegen dieser Verhaltensweise schämen und sich erneut auf die alten Werte der deutschen Kultur in diesem Lande besinnen. Oder wurde es vom DKR Vorstand ohne ihre Stellungnahme so beschlossen?

Das Angebot, das ich der Regierung persönlich und schriftlich unterbreitete, den Reiter eigens und mit Spendergeldern zu verschieben, um ihn dadurch zu erhalten, wurde von der zuständigen Behörde auch dankend angenommen. Hatten doch die Behörden keine Pläne erarbeitet, noch Gelder verfügbar.

Dass sich die Regierung trotz schriftlicher Anfrage und einer weiteren Aufforderung meinerseits, unter Zustimmung eines Ministers und eines Staatssekretärs, noch nicht dazu überwinden konnte, die Unkosten der Reiterverschiebung zu übernehmen und zurück zu zahlen, grenzt an Verantwortungslosigkeit und ist kontra zur Versöhnungspolitik der Regierung.

Ich hoffe, dass die Verantwortlichen sich dieser Pflicht doch noch bewußt werden und sich dieser nicht weiterhin entziehen und als Zeichen der Zusammengehörigkeit aller Bevölkerungsgruppen, auch der unsrigen Volksgruppe, diese Unkosten übernehmen werden.

In Gedenken an die toten Soldaten, die ihren letzten Kautabak und den letzten Schluck Wasser mit ihren Kameraden teilten, die starben, ohne sterben zu wollen. So, wie sie an den Frieden glaubten, immer dann, wenn ihnen der Kampf eine Atempause gönnte, so wollen auch wir den Frieden.

Die heutigen Generationen, sichtbar und unsichtar, haben das unerfüllte Leben dieser gefallenen Soldaten und ermordeten Bürger zu übernehmen. Es ist unsere Pflicht, dieses in allem unserem Tun nie zu vergessen. Und dass wir zu stehen haben, wie sie in den schwersten Stunden des Kampfes für ihre Kameraden und die folgenden Generationen gestanden haben. Aus dieser Verpflichtung kommen wir nicht frei, wenn unser Leben und ihr Tod einen höheren Sinn behalten soll. Unsere Pflicht ist es, ehrenvoll für unser Land, Namibia, zu leben, bis auch unsere Stunde gekommen ist.

Hier am Reiter, Wahrzeichen der Stadt Windhoek, gedenken wir, Freund und ehemaliger Feind vereint, in ewigem Frieden aller Toten der kriegerischen Auseinandersetzungen dieses Landes. Und wir sollten in der Auslegung der Geschichte immer bedenken, dass in jedem Krieg die Wahrheit als erstes auf der Strecke bleibt!

Meine Damen und Herren, ich danke Ihnen.
Harald W. R. Koch
Initiator und Koordinator der Reiterverschiebung

Quelle: Harald Koch

Das Andenken in Ehren halten

Der Windhoeker Reiter, dieses symbolträchtige Denkmal, das wohl zu den bekanntesten deutschen Denkmälern zählt, konnte glücklicherweise gerettet werden. Es ist fast 100 Jahre alt und galt und gilt allen Einwanderer-Generationen seitdem als fester Halt für Ehre, Treue, Pflichterfüllung, Vaterlandsliebe und Vaterlandsverteidigung.

„Wir kamen mit hoffenden Herzen" – der Anfang des Liedes von Otto Neumeister trifft auf alle Generationen zu. Die Schutztruppler, die hier nach ihrer Militärzeit siedelten, die Generation, die in der schweren Weltwirtschaftskrise in den 20er Jahren des letzten Jahrhunderts kamen, weil in Deutschland die Überlebenschancen schwanden, oder unsere Flüchtlinge aus Schlesien, Ostpreußen, Pommern und Brandenburg, die nach dem 2. Weltkrieg überhaupt keine Heimat mehr hatten. Sie alle haben sich und diesem harten Land alles abverlangt.

„Aus Sonne, Kampf und Siegen wuchs Heimatstolz und Mut", heißt es auch in dem bereits oben zitierten Lied. Sie alle und ihre Nachkommen haben ein Anrecht, dieses Land, das nicht zuletzt durch sie fruchtbar geworden ist und die noch heute bestehende Infrastruktur bekam, als ihre Heimat zu bezeichnen. Und sie haben auch als Tote dieses Heimatrecht. Geben wir ihnen dieses Heimatrecht in diesem Lande und lassen auch nicht daran rütteln! Sprechen wir von ihnen und lassen uns nicht beirren, ihr Andenken in Ehren zu halten, so wie wir es auch heute hier tun. Traditionen zu erhalten bedeutet Besinnung auf unsere Wurzeln, Traditionen zu leben geben uns das geistige Rüstzeug für die Gegenwart.

Ich möchte am Ende meine Worte wiederholen, die ich vor vier Wochen in Bad Lauterberg am Wissmann-Denkmal gesagt habe: Lassen wir uns von niemanden diese Feiern verbieten! Sie sind nicht ewig-gestrig, sondern aus unserer Geschichte als Erinnerung in die Zukunft weisend herausgefiltert. ■

Ulla Schroeder (1. Vorsitzende Traditionsverband ehemaliger Schutz- und Überseetruppen, Hamburg)

Ulla Schroeder (1. Vorsitzende des Traditionsverbandes) verliest ein Grußwort, dahinter Karl Ferdinand Lossen, Vorsitzender der Sektion Namibia des Traditionsverbandes.

Quelle: Allgemeine Zeitung, 17.11.2010

Jubiläum: Reiterdenkmal in Windhoek wird 100 Jahre alt

Kranz am Reiterdenkmal. 27.1.2012.
Quelle: Burghardt Voigts

Quelle: Harald Koch

Quelle: Allgemeine Zeitung, 27.1.2012

Das Reiterdenkmal in Windhoek wird am heutigen Freitag genau 100 Jahre alt. Deshalb findet dort heute um 18 Uhr eine Gedenkfeier mit Kranzniederlegung statt. Zum zweiten Teil der Feier – dann freilich informell – wird am morgigen Samstag ab 10 Uhr auf dem Gelände des Cohen-Faustballclubs im Stadtteil Olympia eingeladen. Die Statue hat eine bewegende Geschichte und sogar einen Umzug erlebt. Nachdem die Skulptur gegenüber der Christuskirche gebaut wurde (Bild links, hier nach einer Kranzniederlegung), musste sie im August 2009 weichen und hat im November 2010 ein neues Domizil vor der Alten Feste gefunden (rechts). Mehr über Geschichte und Bedeutung dieses Kunstwerks lesen und sehen Sie in der heutigen Ausgabe auf einer Doppelseite „100 Jahre Reiterdenkmal" (Seiten 8 & 9). • Fotos: Sammlung Dr. Andreas Vogt und Stefan Fischer

100 Jahre Reiterdenkmal –
Erinnern, Gedenken und Mahnen

Auf den Tag genau wurde das 100-jährige Jubiläum des Reiterdenkmals in Windhoek am vergangenen Freitag (27. Januar) gefeiert. Zu der Gedenkfeier hatte der Traditionsverband ehemaliger Schutz- und Überseetruppen / Freunde der früheren deutschen Schutzgebiete e.V. eingeladen und rund 250 Menschen sind dem Ruf gefolgt. In den Reden ging es vornehmlich um das Gedenken an Kriegsopfer, aber auch um Traditionspflege und Geschichtsinterpretationen.

So lobte Ulla Schroeder, 1. Vorsitzende des Traditionsverbandes in Deutschland, dass das Reiterdenkmal nicht wie andere Standbilder „vom Sockel geholt" worden sei und dass dessen Bau und Verschiebung aus privaten Mitteln finanziert worden sei. Zur Bedeutung des Reiterstandbildes sagte sie: „Wir wollen dieses Denkmal nicht unter zeitgemäße Aspekte stellen, denn dann müssten wir das Wort ‚zeitgemäß' immer wieder anderes definieren."

Indes sprach Johan Knoetze für die Organisation Memorable Order of the Tin Hats (M.O.T.H.): „Wir kommen in wahrer Versöhnung zusammen", sagte er. Und in Hinblick auf das Kriegerdenkmal: „Krieg ist immer eine furchtbare Verschwendung menschlichen Lebens."

Harald Koch, der den Abbau der Skulptur am alten Standort (August 2009) und den Wiederaufbau am neuen Standort (November 2010) koordiniert hatte, ging bewusst nicht auf die Bedeutung des Denkmals ein, sondern äußerte sich zu einem „sehr brisanten und umstrittenen Thema: den Völkermord". In langen Ausführungen ließ er Ereignisse und Befehle von 1904/05 Revue passieren. Überdies zitierte er den polnischen Juristen Raphael Lemkin, der den Begriff „Genozid" erstmals definiert habe, was als Grundlage der 1948 von der UNO verabschiedeten Völkerrechtskonvention gedient habe.

Gemessen an dieser Definition kommt Koch zu dem Schluss, dass es damals zwei Genozids gegeben habe. Koch machet deutlich, dass es sich bei dem „Aufstand der Herero im Jahr 1904, in dem drei Prozent der damaligen deutschen zivilen Siedlerbevölkerung ermordet wurden", laut Lemkin ebenso um Völkermord gehandelt hat wie bei der „Niederwerfung der aufständischen Herero und die Flucht in die Omaheke". Koch weiter: „Wenn aber eine dieser beiden Handlungen als kein Völkermord eingeordnet wird, dann war die andere Handlung ebenso kein Völkermord. Eine Forderung auf Wiedergutmachung seitens der Herero an Deutschland ist (…) absurd."

Koch führte weiter aus: „Heute, hier am Reiterdenkmal, gedenken wir in Treue der ermordeten Männer, Frauen und Kinder sowie der Gefallenen, Vermissten und in Lazaretten verstorbenen Soldaten der Kaiserlichen Schutztruppe für Deutsch-Südwestafrika. Wir gedenken in Ehrfurcht der durch die Waffen der Schutztruppe gefallenen einstigen Gegner, die Herero und Nama, und wir gedenken in Dankbarkeit der in weiteren Kriegen für Freiheit, Demokratie und Gerechtigkeit getöteten Menschen unseres Landes Namibia."

Nach der Feldandacht von Pastor Michael Rust, der vor heutigen Schuldzuweisungen warnte, fand die Totenehrung statt; dabei wurden Kränze u.a. vom Traditionsverband, von der Kameradschaft deutscher Soldaten, von M.O.T.H., von der Kriegsgräberfürsorge, vom Volkstanzkreis Windhuk, von Privatpersonen und von der HIAG Ostsachsen (eine deutsche Organisation, die vom Verfassungsschutz zeitweilig als rechtsextremistisch beobachtet wurde) niedergelegt. Die Veranstaltung endete so, wie sie begonnen hatte: mit den Hymnen von Namibia, der Afrikanischen Union (AU) und von Deutschland. ∎

Stefan Fischer

Quelle: Allgemeine Zeitung, 27.1.2012

100 Jahre Reiterdenkmal - 27.1.2012

Das Reiterstandbild aus der deutschen Kolonialzeit ordnet sich heute im unabhängigen Namibia ein, das Mitglied im kontinentalen Verbund der Afrikanischen Union (AU) ist. Dieser Zusammenhang wurde durch die Flaggen und die gespielten Hymnen bei der Gedenkfeier dokumentiert.

Quelle: Allgemeine Zeitung, 28.1.2012

Gedenkfeier zum 100-jährigen Jubiläum des Reiters

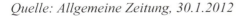

Quelle: Allgemeine Zeitung, 30.1.2012

Mit einer Festveranstaltung ist am Freitagabend in Windhoek das 100-jährige Jubiläum des Reiterdenkmals gewürdigt und gefeiert und dabei der Kriegstoten gedacht worden. Dazu gab es verschiedene Ansprachen, Musik und eine Schweigeminute. Sogar eine nachgemachte Schutztruppen-Uniform war zu sehen und avancierte zum beliebten Fotomotiv. Etwa 250 Menschen kamen zu der Gedenkfeier. Mehr dazu auf den Seiten 8 & 9.   • Fotos: Stefan Fischer

Gedenkfeier zum 100-jährigen Jubiläum des Reiters

Johan Knoetze von der Organisation Memorable Order of the Tin Hats (M.O.T.H.): Kommen in wahrer Versöhnung zusammen.

Ulla Schroeder, erste Vorsitzende des Traditionsverbandes in Deutschland: Der Reiter ist kein zeitgemäßes Denkmal.

Harald Koch von der Kriegsgräberfürsorge Namibia: Es gab zweifachen Völkermord im damaligen Deutsch-Südwestafrika.

Pastor Peter Pauly (links) und weitere hochbetagte Gäste der Festveranstaltung. Pauly hatte sein Bundesverdienstkreuz (am Bande) angesteckt, womit er vor drei Jahren vom damaligen Bundespräsidenten Horst Köhler ausgezeichnet wurde. • Fotos: Stefan Fischer

Quelle: Allgemeine Zeitung, 30.1.2012

100 Jahre Reiterdenkmal - 27.1.2012

100 Jahre Reiterdenkmal. 27.1.2012.
Quelle: Burghardt Voigts

Das Reiterdenkmal vor der Christuskirche, dem von Nordkorea finanzierten und erbauten
Museumsdenkmal und der Alten Feste. 2012.
Quelle: Foto aus dem Artikel „Hundert Jahre Reiterdenkmal" von Dr. Andreas Vogt.
Erschienen in den Mitteilungen der Namibia Wissenschaftlichen Gesellschaft,
Nr. 53 Januar - April 2012.

Der Reiter muss weg

Pohamba: Deutschland kann Statue zurückhaben

A 2

27.8

Quelle: Allgemeine Zeitung, 27.8.2013

Windhoek/Outapi (fis) • Vor fast genau vier Jahren ist das Reiterdenkmal an seinem historischen Platz demontiert (und später vor der Alten Feste wieder aufgebaut) worden, jetzt steht offenbar ein weiterer Umzug bevor – allerdings für immer. Namibias Staatspräsident Hifikepunye Pohamba hat angekündigt, dass dieses Denkmal aus dem Jahr 1912 weichen muss.

„Der Reiter muss entfernt werden", wird Pohamba von der Nachrichtenagentur Nampa zitiert. Dies habe er am Sonntag auf einer Veranstaltung in Outapi gesagt – und wie folgt begründet: „Dieses Denkmal ist ein Siegessymbol für die deutsche Seite. Dieses Denkmal bedeutet: ‚Wir haben sie abgewehrt'." Die Regierung habe kein Problem damit, wenn der Reiter nach Deutschland gebracht werde, fügte der Präsident laut Nampa hinzu.

Den Reiter erwähnte Pohamba im Zusammenhang mit einer Ankündigung, dass eine weitere Statue von Gründungspräsident Sam Nujoma in Windhoek aufgestellt werden soll, wobei er einen genauen Zeitpunkt und Standort offen ließ.

Reiter „schmerzt" jeden Tag

Minister Kaapanda: Regierung will alle Kolonialspuren beseitigen

Windhoek (fis) • Der Reiter in Windhoek soll vom derzeitigen Standort vor der Alten Feste verschwinden. Das erkärte Informationsminister Joel Kaapanda gestern und bekräftigte damit eine Aussage von Staatspräsident Hifikepunye Pohamba von Ende August, wonach das Denkmal „entfernt werden" müsse (AZ berichtete).

Es sei bedauerlich, dass einige Menschen es „nicht schaffen zu begreifen, wie schmerzhaft es für die Namibier ist, täglich das Symbol eines Soldaten zu sehen, der während der Kolonialzeit Völkermord an unseren Menschen verübt hat", erklärte Kaapanda mit Bezug auf einen Beitrag der Zeitung „Namibian Sun", in dem deutschsprachige Namibier die Intention von Pohamba kritisierten. Es sei überdies „unglaublich, dass einige deutschsprachige Menschen meinen, dass wir die Überbleibsel des Kolonialismus in unserem Land erhalten und verehren können", heißt es in der scharf formulierten Erklärung.

Kaapanda bezeichnete das Reiterdenkmal als „Symbol des Sieges über die Namibier und Kolonisierung von Südwestafrika durch das kaiserliche Deutschland". Er rief die Namibier auf, die „Einweisung des Reiterdenkmals ins Museum der Geschichte" zu fordern. Die Statue gehöre in ein Museum und nicht an einen Ort, an dem „Statuen von unseren Helden errichtet werden". Die Regierung wolle die „eigene Geschichte erhalten" und dafür „alle kolonialen Spuren und Entstellungen loswerden", so der Minister abschließend.

Der Reiter wurde 1969 als Denkmal proklamiert und vor vier Jahren an den jetzigen Standort umgesetzt.

Quelle: Allgemeine Zeitung, 25.9.2013

Der Reiter muss weg?! - 2013

GENERAL NOTICE

The National Heritage Council of Namibia (NHC) is a statutory organisation of the Government of Namibia established under the National Heritage Act, No 27 of 2004. It is the national administrative body responsible for the protection of Namibia's natural and cultural heritage.

Heritage resources are proclaimed as heritage places or objects based on their importance and significance. The NHC is responsible for ensuring that these are protected and conserved. Some of the sites proclaimed lately include Ozombu Zovindimba in the Omaheke Region, Onelungo Ponds in the Omusati Region and Farm Aar in the !Karas Region.

In light of this responsibility, the NHC would hereby like to educate the Namibian public of the rules and regulations made by the National Heritage Act with regards to protected places and objects.

Section 46 of the National Heritage Act states that:

1) A person must not-
   remove or demolish; damage or despoil; develop or alter; or excavate, all or any part of a protected place.
2) A person must not-
   remove or demolish; damage or despoil; alter or excavate; or export from Namibia
   a protected object.
3) A person must not relocate or disturb the position of a fixed protected object.
4) Subsections (1), (2) and (3) above do not apply to works or activities-
   a) carried out in accordance with a permit issued by NHC; or
   b) for which the Council has determined that a permit is not required (section 36(2)) or exempted (section 47)
5) A person who contravenes these subsections commits an offence and is liable to a fine not exceeding N$100 000 or to imprisonment for a period not exceeding 5 years, or to both such fine and such imprisonment.

Against this background, the public is herewith advised to observe the above rules and regulations and to follow procedures before any activity is done at any heritage place.

For more information, please contact:
The Director
National Heritage Council of Namibia
Tel no: 061 – 244 375
Fax no: 061 – 246 872

Jetzt amtlich: Reiter zieht um

• Minister Ekandjo zur Gast beim Deutschen Kulturrat – Denkmal kommt in den Hof der Alten Feste – Versöhnliche Worte zur Zukunft und Fokus auf die Kinder

Das Reiterdenkmal in Windhoek wird in den Innenhof der Alten Feste umziehen, die nächstes Jahr mit einem Millionenaufwand vom Staat renoviert wird. Das wurde auf der Jahreshauptversammlung des Deutschen Kulturrates bekannt, auf der Kulturminister Jerry Ekandjo sprach.

Von Stefan Fischer
WINDHOEK

Der Auftritt von Ekandjo, der die Einladung als „eine Ehre" bezeichnete, war eine Überraschung für die DKR-Delegierten, die Freitagabend an der Jahreshauptversammlung des Dachverbandes in Windhoek teilnahmen. DKR-Vorsitzender Eckhart Mueller verwies auf vorherige Gespräche mit dem Minister, bei denen dieser gesagt habe, dass er „noch nie vom DKR eingeladen wurde". Dies habe man ändern wollen. „Das ist die Plattform, auf der wir kommunizieren sowie unsere Wünsche und Gedanken äußern können", so Mueller einleitend.

Auf Nachfrage zur Zukunft des Reiterdenkmals sagte Ekandjo, dass dieses in den Hof der Alten Feste umziehen soll – fortan mit Blickrichtung des Schutztrupplers nach Süden anstatt nach Berlin. Der Reiter „symbolisiert nicht die nationale Versöhnung", erklärte Ekandjo mit Verweis auf den Hererokrieg sowie auf die Rede von Gouverneur Seitz zur Eröffnung der Statue (im Jahr 1912), in der die Deutschen als „Herren für jetzt und für immer" bezeichnet wurden. Der Minister argumentierte ferner, dass in Ostdeutschland die Statuen von Marx und Engels nach der Wiedervereinigung ebenfalls entfernt worden seien. Am jetzigen Standort des Reiters soll ein Denkmal gebaut werden, habe das Kabinett entschieden. DKR-Vorsitzender Mueller fügte später hinzu, dass die Alte Feste im kommenden Jahr komplett renoviert werden soll und die Regierung dafür ein Budget von 50 Millionen N$ zur Verfügung habe.

Den größten Teil seiner Rede referierte Ekandjo über Land, Nation und Zukunft. „Um es deutlich zu machen: Namibia ist unser Zuhause – für uns alle. Es ist ein Boot, und wenn es sinkt, dann sinken wir alle. Es liegt an uns, sicherzustellen, dass das Boot nicht sinkt", sagte Ekandjo. Er führte aus, dass es Namibier gebe, die „in verschiedenen Welten leben", und kritisierte hiernach, dass „viele Weiße den Text der Nationalhymne heute noch nicht kennen".

Der Minister ging auf unterschiedliche Ethnien und Sprachen in diesem Land ein und rief die Trennung von Weiß und Schwarz sowie von Schwarzen untereinander in Erinnerung: „Wir sind das Produkt eines Systems. Wir Namibier waren für zu lange Zeit getrennt, dabei sind wir doch Brüder und Schwestern." Man habe sich nach der Unabhängigkeit angenähert, jedoch: „Wir Älteren leben teils noch in der Vergangenheit, manche halten an alten Zeiten fest", so Ekandjo. Aber: „Namibia hat eine Zukunft und die liegt in den Händen unserer Kinder: Sie kennen keine Farbe und verstehen diese Unterschiede nicht." Namibias Zukunft sei „in guten Händen". Sein

> „Namibia ist unser Haus; wir müssen stolz sein, den Frieden zu erhalten."
>
> **Jerry Ekandjo, Kulturminister**

Fazit: „Es ist höchste Zeit, dass wir uns mischen. Lasst den Kindern die Freiheit, sich zu mischen."

In anderen Ländern und Regionen in der Welt gebe es Aufruhr und Demonstrationen, führte Ekandjo aus, doch so etwas kenne man in Namibia nicht. „Weil wir uns kennen und einander brauchen", begründete der Minister, und: „Wir sind eine Nation." Namibia sei ein friedliches Land und „wir müssen tun was wir können, um den Frieden zu erhalten".

Peter Schlenther, scheidender Schulleiter der Delta-Schule Windhoek, bemerkte, dass an dieser Schule jeden Morgen die Nationalhymne gesungen werde. Er lud den Minister ein, sich bei einem Besuch von der Integration der Schülern aus 28 Sprachgruppen zu überzeugen, beispielsweise vom Chor, der in verschiedenen Sprachen singe. DKR-Vorsitzender Mueller betonte indes, dass die Deutschsprachigen sehr wohl den Text der Nationalhymne kennen würden; als Beweis wurde diese dann zum Abschied des Ministers angestimmt und – begleitet von Klavier und zwei Violinen – voller Inbrunst gesungen.

Quelle: Allgemeine Zeitung, 21.10.2013

Pages on my Mind

BOB KANDETU

Statues Are Artifacts of History

HUMAN history thrives on artifacts of the human experience, and had it been otherwise, human history would be relegated to imagination. This thesis position refers to the debate covering the better part of the past eight weeks, deriving origin from a statement attributed to Namibia's head of state to the effect that the rider's statue of a German soldier must be removed.

Opening the debate, were some Namibians from the German community who took offence at the statement. This caused mixed emotions, leading to reactions in media holding divergent views. I hold that such debate will remain a storm in a teacup, due to the fact that it is not substantial and only limited to statues, with no resources accruing to the victims of perpetrating regimes that are depicted by statues that evoke painful memories. Statues are a reflection of history of the time, and concealing such evidence is tantamount to masquerading historic effects on the victims of the relevant regimes.

Conrad Lynn was a civil rights lawyer in the United States at the height of apartheid in that country. During my time as student there, I interacted with this elderly stalwart. Conrad believed that you must surround yourself with pictures that remind you of the things you embrace or despise. If you want to eradicate apartheid, you must surround yourself with its painful indicators that make you angry enough to stay the course. I cannot agree more, and this is why people who believe in revolution surround themselves with pictures of revolutionaries. The other day, I visited the house of a Comrade from the years of upheaval and found that there was a picture of Miles Monroe on his wall, where a picture of Kahumba Kandola used to hang. When I asked whether that had meaning, he smiled broadly and said, 'You know Bob; I have moved on to other things'.

That is one way of moving on in life. One of the many ways is to say, Kahumba Kandola's picture will hang on my wall until I have completed the mission that it stands for. And this does not have to evoke emotional decisions. The rider's statue is no issue of national priority to the extent that it must preoccupy the attention of the head of state.

Colonial statues and writings on the wall are reflections of history, and their effects will be felt for as long as nations have not arrived at effective formulas to eradicate their negative effects in society. No amount of concealing them will relieve the pain, save for giving them undue publicity by according them undue attention. Instead, the nation must create conditions that reduce the limelight of controvertible statues in society, so much so that only those people who feel affinity to historically controversial artifacts will own up. To this effect, leadership must enhance efforts at garnering resources to facilitate effective education for the transformation of society, and must genuinely support the plight of citizenry in pressurising the German regime to account for its historical deeds against the indigenes.

In the final analysis, calls for the Namas and the Ovaherero to mount demonstrations against the rider's statue are misplaced, as much as they reflect limited understanding of the plight of the Nama and the Ovaherero with regard to Namibia's history of genocide. For on this continuum, the Nama and Ovaherero have crafted priorities removed from street names and the rider's statue.

Quelle: Informante, 24.10.2013

Rep.
20.12.2013
pg. 46

PUBLIC NOTICE

PROPOSED RECOMMENDATION OF DE-PROCLAMATION OF THE EQUESTRIAN STATUE MONUMENT

Notice is hereby given in terms of section 30 (4) of the National Heritage Act, 2004 (Act number 27 of 2004) that the National Heritage Council proposes to recommend the de-proclamation of the Equestrian Statue Monument in terms of Section 40 (1) of the National Heritage Act of 2004.

This statue was erected in honour of the German soldiers who were killed in action or during the war of colonial resistance with Namibians between 1903 – 1907 and during the Kalahari expedition in 1908, which were waged in opposition to German colonial rule. On 22 January 1912 the statue was inaugurated and the keynote speaker Theodor Seitz, the then Governor of German South West Africa, reminded the assembled attendants of many sacrifices that had been made by the colonial army in the name of German South West Africa, which they called their fatherland. Seitz explained that the principle behind this monument is to honour the dead and to encourage the living to propagate and build up what was achieved in a hard war fought selflessly for the love of the Fatherland ... The venerated colonial soldier that looks out over the land from here announces to the world that we are the masters of this place, now and forever".

This statue was proclaimed a national monument under the National Monuments Act of 1969 and was published in the Government Gazette number 2951 on 2 January 1969. This monument is viewed to have had lost its real political significance already three years after its erection when Germany lost the territory and was given to the Union of South Africa in 1915. In addition to that, Namibians won the long liberation struggle for independence, hence the loss of historical significance and importance of the Equestrian Statue.

It is against this background that it is proposed that this statue should be de-proclaimed and be kept inside the courtyard of the Alte Feste as an ordinary historical object.

The public is advised that the National Heritage Council will submit its recommendation to the Minister after a period of 60 days from the date this notice of the proposed recommendation is published.

Submissions may be submitted within that period of 60 days to:

The Director
52 Robert Mugabe Avenue
National Heritage Council
Private bag 12043
Ausspannplatz
WINDHOEK

Enquiries:
Erica M. P. Ndalikokule
Tel: +264 (0) 61 244375
Cell: +264 (0) 811280874
Fax +264 (0) 88 626298
E mail: erica@nhc-nam.org

DM0201300080493(RK)

Quelle: Republikein, 20.12.2013

Denkmalsrat gegen Denkmal

AZ 24.12.201

• Monumentenkommission will Reiterstandbild in Alte Feste verlegen

Der Denkmalsrat (National Heritage Council of Namibia) will jetzt durchsetzen, dass das Reiterstandbild, prominentes Wahrzeichen der Hauptstadt, seinen Status als Monument verliert. Die Statue soll in den Innenhof der Alten Feste verlegt werden, wie Kulturminister Ekandjo es schon gefordert hat.

Von Eberhard Hofmann
WINDHOEK

Für die Versetzung muss dem Denkmal, seit 1969 gesetzlich geschützt, der Status eines Monuments entzogen werden. In zwei Tageszeitungen hat der Denkmalsrat am Freitag, 20. Dezember 2013, dazu eine Annonce geschaltet. Der Rat nimmt von der Öffentlichkeit mit einer Frist von 60 Tagen Eingaben (submissions) zu der Frage entgegen. Die Sperrfrist für Eingaben müsste nach der Zeitrechnung am Montag, 17. Februar 2014, sein. Im Sekretariat des Rates meldete sich gestern nur ein automatischer Anrufbeantworter ohne weitere Auskunft.

Das Kabinett hat den Denkmalsrat in diesem Jahr in neuer Besetzung bestimmt und insgesamt 15 feste und drei alternative Mitglieder berufen. Der Rat dient vom 1. August 2013 bis zum 31. Juli 2016. Der vorige Rat bestand aus neun Mitgliedern. In den vorigen und den aktuellen Rat wurde kein deutschsprachiger Namibier mehr berufen, sondern hauptsächlich Oshivambo-, Otjiherero- und Afrikaans-sprachige Mitbürger. Der Denkmalsrat beruft sich auf das „National Heritage"-Gesetz von

2004, wonach er befugt ist, Objekte zur Anerkennung als Monument vorzuschlagen oder einen solchen Status abzuerkennen. Der Rat äußert einige Argumente, aus welchem Grund das Standbild kein Denkmal mehr sein sollte. Im Annoncentext wird die Enthüllung des Standbilds im Januar 1912 geschildert. Der Rat zitiert den damaligen Gouverneur Dr. Theodor Seitz, der gesagt haben soll, dass der Soldat vom Pferd der Welt verkünde, „dass wir hier die Herren sind, von nun an und immer". Drei Jahre nach ihrer Enthüllung habe die Statue schon ihre politische Bedeutung verloren, da das Territorium Südwestafrika von der Union von Südafrika besetzt wurde. Nach dem Sieg der Namibier im Unabhän-

> **„Das Reiterstandbild fällt sinisterer, unsachgemäßer Politik zum Opfer."**
>
> Dr. Andreas Vogt,
> namibischer Denkmalsexperte

gigkeitskampf habe das Reiterstand-

bild noch einmal historisches Gewicht und Bedeutung verloren. Folglich sollte das Standbild im Innenhof der Alten Feste als gewöhnliches historisches Objekt untergebracht werden.

Dr. Andreas Vogt, namibischer Denkmalsexperte, hält die Motivierung des Denkmalsrates für „ziemlich flach" und den Verweis auf das Zitat von Dr. Seitz als „aus der Luft gegriffen". Dr. Vogt möchte wissen, was sich hinter der Anzeige verbirgt, die dem Vorhaben den Schein der Legitimität verleihen soll. Er erinnert daran, dass Namibier den Reiter noch vor drei Jahren auf Geheiß der Regierung vor die Alte Feste verschoben haben. „Das Standbild fällt sinisterer, unsachgemäßer Politik zum Opfer. Die Regierung ist nach der bewilligten Verschiebung jetzt wortbrüchig geworden." Er ruft die Öffentlichkeit auf, dies bei Reaktionen und Eingaben zu beachten.

Der Geschäftsmann Dieter Voigts, ehemaliges Mitglied der Reiterinitiative der 90-iger Jahre, die sich bemühte, das Standbild im Geiste der Versöhnung durch einen zusätzlichen Gedenkstein für alle Opfer der Kolonialkriege einzugliedern, findet die Haltung der Regierung „sehr, sehr schade". Die Statue war „mit ausdrücklicher Genehmigung" versetzt worden. Die Kehrtwende der Regierung sei undemokratisch. Damit könne er sich nicht identifizieren.

Quelle: Allgemeine Zeitung, 24.12.2013

Regierung beordert Asiaten, Reiterstandbild zu demontieren

Fünf Polizisten „führen ihren Befehl aus" und verwehren einem nächtlichen Besucher Zutritt zum Denkmal im Hintergrund. Alle Einwände gegen die beispiellose Aussperrung der Öffentlichkeit beantworteten die Polizisten nur mit einer Antwort: sie hätten die Straßen und das Gelände „auf Befehl gegen Fußgänger und Fahrzeuge" abzuriegeln. Scheinwerfer und Handlampen beleuchten die Statue, so dass Handwerker die Hufe des Pferdes lösen können. · FOTO: CHRISTIAN GOLTZ

Quelle: Allgemeine Zeitung, 27.12.2013

Die Bürger Windhoeks wurden mitten in der Festtagsstimmung des ersten Weihnachtsfeiertages 2013 ohne Vorwarnung von der Nachricht und dem Spektakel überrannt, dass asiatische Handwerker sich in Nachtarbeit anschickten, das kaiserlich-koloniale Reiterstandbild abzubauen. Die Nachricht hatte sich am ansonsten stillen späten Festtagsnachmittag wie ein Lauffeuer verbreitet.

Eine Anzahl Interessierter versammelte sich bei der Zentralbank und auch im Dachgarten des Hilton-Hotels, den Vorgang zu verfolgen. Die Robert-Mugabe-Avenue war schon am Vormittag entlang der Alten Feste gesperrt worden, aber der Weihnachtsgottesdienst in der Christuskirche konnte durch den offenen Zugang aus der Fidel-Castro-Straße und den nördlichen Abschnitt der Robert-Mugabe-Avenue noch erreicht werden. Gegen 16 Uhr war jedoch auch der Zirkel um die Christuskirche von der Polizei gesperrt. Fußgänger, ob Besucher oder namibische Journalisten, die sich bei der Polizei ausweisen wollten, durften den Schauplatz am leeren Sockel erst nach der Entfernung des Standbilds in den Innenhof der Alte Feste am frühen zweiten Weihnachtsfeiertag wieder betreten. Gestern kamen laufend Betrachter, die sich kopfschüttelnd und meistens wortlos selbst über die Leere vor dem alten Fort vergewissern wollten.

Eberhard Hofmann

Im Scheinwerferlicht sägen und hämmern die bestellten asiatischen Handwerker um die Hufe des Pferdes, so dass das ganze Standbild später um Mitternacht mit dem Kran ausgehoben und in den Innenhof der Alten Feste versetzt werden kann. Links das neue Unabhängigkeitsmuseum. · FOTO: CHRISTIAN GOLTZ

Der Reiter verschwindet - 25.12.2013

...eiter Weihnachtsfeiertag am Morgen – das Nachtwerk der Regierung und ihrer Handlanger ist ...lbracht. Die Öffentlichkeit kann nun den leeren Sockel des Reiterdenkmals vor der Alten Feste ...trachten. Rechts hinter dem historischen Treppengeländer der Kran der asiatischen Unternehmer. ...ks im Hintergrund das Sanlamgebäude der Innenstadt, von wo sich auch die deutsche Botschaft ...ekt aus ihren Amtsräumen über das neue Stadtbild informieren kann. • FOTOS: EBERHARD HOFMANN

Quelle: Allgemeine Zeitung, 27.12.2013

Sprachlos, ohne Worte versammeln sich etliche Windhoeker am Morgen des 2. Weihnachtsfeiertages am leeren Sockel des Reiterstandbilds, das fast 113 Jahre das Stadtbild geprägt hat – auf Postkarten, in Fotobänden, in der Werbung und als Wahrzeichen. • FOTO: STEFAN FISCHER

Abgesplitterte Gesteinsbrocken vom Sockel des Standbilds. Im Gegensatz zu den asiatischen Nachtwerkern hatten die namibischen Handwerker und Unternehmer, die das Standbild vor zwei Jahren vom Verkehrszirkel an den neuen Standort verlegt haben, keinen Schaden an den soliden Felsbrocken des Sockels angerichtet.

Kran und Palmen an der Alten Feste umgeben den Sockel des Standbilds auch nach der Demontage. Zunächst ist noch die durch die Arbeiten verschmutzte Plakette zur Ehrung gefallener Soldaten und ermordeter Zivilisten geblieben.

Reiter über Nacht abgesägt

• **Standbild wird unter Ausschluss der Öffentlichkeit demontiert und versetzt**

Das Reiterdenkmal in Windhoek ist vom Sockel vor der Alten Feste entfernt worden. Am Abend und in der Nacht des ersten Weihnachtsfeiertages wurde das Bronze-Standbild demontiert. Die Polizei hatte das Areal großräumig abgesperrt, Informationen dazu gab es nicht.

Von Stefan Fischer
WINDHOEK

Nach Bekanntwerden dieser Nachricht sind gestern Vormittag etliche Menschen zur Alten Feste gefahren. Dort haben sie lediglich den – teils beschädigten – Sockel vorgefunden, auf dem das Reiterdenkmal montiert war. Informationen verschiedener Quellen zufolge wurde das Standbild in den Innenhof der Alten Feste gehievt, deren Eingang gestern verschlossen und durch Polizisten bewacht war. Am Nachmittag war das Gelände mit Sockel und Treppenaufgang zur Alten Feste erneut von der Polizei abgeriegelt.

Bereits am Mittwochvormittag war die Robert-Mugabe-Avenue vor der Alten Feste zwischen der Kreuzung Sam-Nujoma-Avenue und der Christuskirche in beide Richtungen komplett gesperrt. Am frühen Abend haben asiatische Arbeiter mit der Demontage des Standbildes begonnen. Dabei wurden die Streben durchtrennt, mit denen die Hufe des Pferdes am Sockel befestigt waren.

Das Areal war durch viele Polizisten gesichert, die jeden Passanten zurückwiesen. Der in Zivilkleidung anwesende Polizei-Befehlshaber, der seinen Namen und Dienstgrad nicht genannt hat, wies die Beantwortung jeglicher Fragen der AZ zurück – zum Beispiel zum Auftraggeber der Aktion und zum künftigen Standort des Denkmals. Nur soviel: „Wir sind hier, um die öffentliche Ordnung zu gewährleisten", sagte er zur AZ.

Mehreren Journalisten von diversen Medienhäusern, auch denen vom staatlichen Sender NBC, wurde der Zugang zum abgesperrten Areal strikt verwehrt. Laut Augenzeugenberichten waren die Arbeiten gegen 23 Uhr noch voll im Gange und das Standbild noch nicht vom Sockel getrennt.

Die Demontage des Reiterdenkmals hat im sozialen Internetnetzwerk Facebook einen sogenannten Shit Storm, also eine Flut von emotionalen Äußerungen, ausgelöst, die teils unsachlich und mit Beschimpfungen durchsetzt sind. Dutzende Menschen haben sich gestern auf dieser Plattform mit Pro- und Kontra-Kommentaren zum Abbruch des Denkmals geäußert.

Unterdessen war auf der Internet-Informationsplattform www.wikipedia.de gestern der Eintrag zum Reiterdenkmal bereits aktualisiert – dort heißt es: „Das Reiterdenkmal (auch Südwester Reiter) ist ein Standbild in Windhoek und stand bis zu seinem Abbau am 25. Dezember 2013 vor der Alten Feste an der Robert-Mugabe-Avenue (früher Leutweinstraße)." Weiterhin wird erwähnt, dass der Denkmalstatus „am 23. Dezember 2013 aufgehoben" worden sei. Das stimmt allerdings nicht. Richtig ist, dass der namibische Denkmalrat per Anzeige in zwei Tageszeitungen am 20. Dezember seinen Vorschlag bekanntgemacht hat, dem Reiter den Status eines nationalen Denkmals (proklamiert am 2. Januar 1969) abzuerkennen. Nach Ablauf einer (Einspruchs-)Frist von 60 Tagen wolle man dem Kulturminister einen entsprechenden Vorschlag unterbreiten (AZ berichtete).

Eines der letzten Fotos bei Tageslicht vom Reiterstandbild vor der Alten Feste, aufgenommen am 25. Dezember gegen 19.30 Uhr: Die Statue wird vom Sockel getrennt, während überall auf dem Areal Polizisten postiert sind. • FOTO: STEFAN FISCHER

Quelle: Allgemeine Zeitung, 27.12.2013

Namibier äußern Erstaunen und Entsetzen

Nicht so sehr die Versetzung des Standbilds, sondern die „Nacht- und Nebelaktion" löst Empörung aus

Windhoek (hf) • Alle befragten Personen haben gestern ihre Enttäuschung und ihr Entsetzen über die nächtliche Demontage des namibischen Reiterstandbilds ausgedrückt. Etliche Befragte hatten vor der Aktion noch Verständnis für die Verlegung des Denkmals aufbringen wollen. Keiner, auch Informationsminister Joel Kaapanda konnte jedoch für die „Nacht- und Nebelaktion" am ersten Weihnachtsfeiertag Verständnis aufbringen.

Die Befehlshaber der Regierung haben Informationsminister Kaapanda bei der Aktion übergangen, denn er antwortete aus seinem Heimatdorf im oshivambo-sprechenden Norden, dass er völlig überrascht sei, dass die Verlegung an einem solchen Zeitpunkt und in einer solchen Weise vorgenommen worden sei. „Die Verlegung war allerdings beschlossene Sache. Es war nur eine Frage der Zeit."

Harald Koch, der vor drei Jahren die erste Versetzung des Standbilds vom Verkehrszirkel vor die Alte Feste geplant und geleitet hatte, sagte gestern, dass ihm die Absicht des zweiten Umzugs vor dem 24. Unab-

hängigkeitstag, 21. März 2014, schon seit acht Monaten bekannt gewesen sei. „Mit dem Reiter in der Alten Feste kann ich gut leben, aber die Nacht- und Nebelaktion war völlig unnötig. Man hätte das legal und mit weniger Schaden abwickeln können. Wir haben es hier mit einer Kurzschlusshandlung zu tun." Die Kostenrechnung für die vorige Versetzung habe er der Regierung präsentiert. „Das Geld, das wir damals ausgegeben haben, gehört der deutschsprachigen Gemeinschaft." Das Standbild stehe nun abgestützt im Hof der Alten Feste.

Dieter Voigts, Geschäftsmann und ehemaliges Mitglied der Reiterinitiative, die das Standbild versöhnlich durch einen Zusatzstein in die neue Ära eingliedern wollte, spricht von einer „feigen, geheimen Aktion, die Öffentlichkeit auszuschließen und um Macht zu zeigen". Er sieht allerdings just Schwächen in diesem Auftreten. „Die Machthaber sind verpflichtet die Demokratie zu wahren, anstatt Willkür zu üben." Die Regierung habe die Annonce vom vergangenen Freitag einfach gekippt, wo-

rin die Öffentlichkeit aufgefordert wird, sich binnen 60 Tagen zum Status des Standbilds zu äußern. Er ist entsetzt und enttäuscht und sieht den Anfang einer schlimmen Entwicklung.

Phil ya Nangoloh, Direktor der Organisation Namrights, spricht von Arglist, denn aus welchem Grund sollten ein derartiges Polizeiaufgebot und der Schutz der Dunkelheit in Anspruch genommen werden, möchte er wissen. Die AZ veröffentlicht Nangolohs detaillierte Reaktion in der nächsten Ausgabe.

Quelle: Allgemeine Zeitung, 29.12.2013

Reiterabriss: Akt ohne Respekt

DTA beanstandet Nacht- und Nebelaktion der SWAPO-Regierung

Windhoek (hf) • Den Abriss des Reiterstandbilds am wichtigsten christlichen Feiertag des Jahres beanstandet der DTA-Präsident McHenry Venaani als Akt der Respektlosigkeit, Respektlosigkeit sowohl gegenüber der Bedeutung des Feiertags als auch gegenüber Teilen der Bevölkerung. Venaani hat gestern im Rahmen zu seiner Ankündigung der Werbekampagne für die Wählerregistrierung zusammen mit dem Vorstandsmitglied Nico Smit Stellung zur nächtlichen Entfernung des Reiterdenkmals bezogen.

Er lehnt es total ab, dass eine solche Aktion unter dem Schleier der Verschwiegenheit geschehen ist. Das Denkmal habe für verschiedene Bevölkerungsteile unterschiedliche Bedeutung und erinnere an dunkle Seiten der Vergangenheit. Gegen eine Verschiebung habe die DTA nichts einzuwenden, „aber der nächtliche Akt war eine Handlung schlechten Geschmacks". Eine Regierung, die ihren Namen verdiene, habe es nicht nötig, sich in Schweigen zu hüllen. Der Staat solle eine Verwarnung zur Kenntnis nehmen, pflichtete auch

Nico Smit bei. Die Bevölkerung müsse mehr Respekt erfahren.

„Wir befinden uns nicht im kommunistischen Staat Nord-Korea", so Venaani. Die Regierung sollte lieber zehnfach vorsichtiger sein und sich 90-mal mit den Betroffenen beraten, auch wenn nur zehn Begegnungen zu Ergebnissen führten. „Wir stehen für Versöhnung ein, weil wir keine Wiederholung von Feindseligkeiten wollen. Die Regierung habe einige Schritte der Versöhnung unternommen, aber nun sei sie wieder zurückgefallen.

Quelle: Allgemeine Zeitung, 14.1.2014

Reiterabbruch ein „Akt

• Heftige Kritik an Demontage des Denkmals –

Auch nach dem Weihnachtsfest blieb die plötzliche Demontage des Reiterdenkmals in Windhoek am 25. Dezember ein Hauptgesprächsthema bei vielen Namibiern. Während verschiedene Interessenträger auf AZ-Nachfrage heftige Kritik äußerten, wurde die Debatte auf Facebook noch emotionaler.

Von E.Hofmann und S. Fischer
WINDHOEK

Die Entfernung des Schutztruppenreiter-Standbilds unter schwerer Polizeibewachung und im Schutze der Dunkelheit zeige, dass dies nicht nur eine böswillige Aktion, sondern vielmehr ein Akt der Gewalt gewesen sei, der einer Demokratie unwürdig sei. So beurteilt Phil ya Nangoloh, Direktor der namibischen Menschenrechtsorganisation Namrights, den nächtlichen Einsatz der asiatischen Handwerker, die auf Befehl der Regierung gehandelt haben. „Wer etwas Gutes tut, braucht das nicht zu verbergen." Hier liege ein fundamentaler Fehlgriff vor. Er ruft die UN-Bildungs- und Kulturorganisation UNESCO auf, diesen Fall zur Kenntnis zu nehmen.

Undemokratisch und illegal

Die historische Bedeutung des Standbilds, so fuhr ya Nangoloh auf AZ-Nachfrage fort, lasse sich weder verstecken, fälschen, begraben noch verdecken, ganz gleich, ob es sich um gute oder schlechte Aspekte handele. Vor diesem Hintergrund habe die Regierung gewusst, dass sie undemokratisch und illegal handele. Artikel 19 des Grundgesetzes garantiere das Recht auf Kultur. „Das Standbild macht definitiv einen Teil unserer namibischen Kultur aus", so ya Nangoloh. Er sieht in der Entfernung des Standbilds einen „Akt des Rassismus, die Kultur von Menschen zu zerstören, die die Regierung nicht als die Ihrigen betrachtet". Damit handele sie gegen die Versöhnung.

Anton von Wietersheim, Parlamentsabgeordneter der RDP, hat über die nächtliche Aktion sein Ent-

setzen ausgedrückt, vor allem weil der Denkmalrat (Heritage Council) einen normalen Weg der Auseinandersetzung mit dem Reiterstandbild aufgezeigt habe, auch wenn dabei die Meinungen auseinandergingen. Er sei nicht gegen die Verlegung des Standbilds, aber mit einem solchen Akt habe er nicht gerechnet. „Es hat den Anschein, dass es etwas Ungesetzliches vor der Öffentlichkeit zu verbergen gibt", sagte er im AZ-Gespraech. Von Wietersheim beurteilt die Handlung „definitiv als ungesetzlich". Die Machtentfaltung durch die Polizei in einer Nachtaktion könne nicht von einer ernsthaften Regierung kommen. Er hält den Auftritt für lachhaft.

Geld zurückzahlen

Enttäuscht zeigte sich zwei danach auch Harald Koch, der die Verschiebung des Denkmals vor die Alte Feste im Jahr 2010 organisiert und dafür Privatsponsoren (ca. 700 000 Namibia-Dollar an Bargeld und Sachleistungen) aufgetrieben hatte. Er wolle verschiedene Personen konsultieren und sich dann äußern, sagte er am Freitag zur AZ. Allerdings betonte er, dass er an der Meinung/ Forderung festhalte, dass die Regierung die Kosten von damals zurückerstatten müsse. Er habe schon damals eine Rechnung und später eine Mahnung an das Kulturministerium geschickt, allerdings nie eine Reaktion darauf erhalten.

Die Art und Weise der Demontage sei „inakzeptabel", sagte Eckhart Mueller, Vorsitzender des Deutschen Kulturrates (DKR), auf AZ-Nachfrage. Damit nicht genug: Dass der Abbau am Abend des ersten Weihnachtsfeiertages, „einem der heiligsten

kirchlichen Feiertage", stattgefunden hat, hält er für „respektlos". „Wo bleiben Transparenz, die Geste der Zusammenarbeit und der Gedanke der Versöhnung?", fragt Mueller, der nationale und internationale Bestimmungen durch die Regierung „ignoriert" sieht. Und weiter: „Das ist total unprofessionell, ich bin sehr enttäuscht."

Einsprüche einreichen

Der DKR habe angeboten, bei der Versetzung des Reiters zu helfen, „um das ordentlich über die Bühne zu bringen". Mueller gab außerdem zu bedenken, dass sich die deutschsprachige Gemeinschaft mit der Verlegung des Standbildes in den Innenhof der Alten Feste bereits abgefunden habe und die Aberkennung des Denkmalstatusses – wie es der Denkmalrat vorgeschlagen hat – noch nicht erfolgt sei. In diesem Zusammenhang appellierte er an die Öffentlichkeit, beim Denkmalrat die Meinungen binnen der 60-tägigen Einspruchsfrist (bis 17. Februar) zu äußern. „Wir sind erst eine erwachsene Nation, wenn wir die Vergangenheits- und Geschichtsbewältigung geschafft haben", sagte der DKR-Vorsitzende abschließend.

Auf der sozialen Internetplattform Facebook ist die Diskussion zu diesem Thema weitergegangen – heftiger und emotionaler als zuvor. Der sogenannte Shit Storm (eine Flut von Äußerungen, die oft reine Beschimpfungen sind) zeigt meist zustimmende Meinungen zum Denkmalabbruch. In vielen Beiträgen von Befürwortern und Gegnern der Reiterdemontage werden zudem Hass und tribalistisches Denken deutlich.

Quelle: Allgemeine Zeitung, 30.12.2013

des Rassismus"

Beschimpfungen im Internetforum

Frust bei Kirchgängern: Bereits am Morgen des 25. Dezember war die Zufahrt zur Christuskirche und deren Park-
platz gesperrt, weil unweit davon am Abend die Demontage des Reiterdenkmals beginnen sollte. Die 83-jährige Frau
Flaschart (Bild) sowie andere Kirchgänger mussten deshalb anderswo parken und dann zum Gotteshaus laufen, hier

Volksentscheid gewünscht

Indes wurden zur aktuellen Umfrage
auf der AZ-Webseite am Wochenende über 100 Stimmen abgegeben. Dabei fragt die AZ, wer über die Zukunft
des Reiterdenkmals entscheiden soll.
Bis gestern waren rund 60 Prozent
der Ansicht, dass es einen Volksentscheid geben und somit die gesam-
te Nation darüber abstimmen sollte.
An der Umfrage auf www.az.com.na
kann man noch bis zum 2. Januar seine Stimme abgeben.

*Quelle: Allgemeine Zeitung,
30.12.2013*

in der Fidel-Castro-Straße. Der für 10 Uhr angesetzte Weihnachtsgottesdienst konnte deshalb erst mit 30 Minuten Verspätung beginnen.
• FOTOS: ROSEL VAN DER MERWE

Reiter steht im Hof, jetzt fällt der Sockel

Fotos von Baustelle müssen am Samstag unter Polizeiaufsicht gelöscht werden

A 2

Windhoek (fis) • Mit schwerem Gerät und ohne Rücksicht auf Schäden ist am Samstag vor der Alten Feste in Windhoek mit der Demontage des Sockels begonnen worden, auf dem das Reiterdenkmal stand. Wie beim Abriss des Standbildes drei Tage zuvor waren erneut asiatische Bauarbeiter mit den Arbeiten im abgesperrten Areal beschäftigt.

An der Robert-Mugabe-Avenue waren drei Polizisten postiert, die Besucher aufforderten, bereits gemachte Fotos unter ihrer Aufsicht zu löschen. Dies war nach Angaben der Beamten ihre einzige Aufgabe und geschah auf „Anordnung von ganz oben". Warum keine Fotos vom Sockel bzw. den Bauarbeiten gemacht werden dürfen, konnten die Polizisten auf AZ-Nachfrage ebensowenig beantworten wie die Frage, was mit den großen Steinen des Sockels geschieht.

Am gestrigen Sonntag gingen die Abrissarbeiten mit Bagger und Presslufthämmern weiter. Der diensthabende Polizist vor Ort hat entgegen seines Kollegen vom Samstag das Fotografieren der Bauarbeiten erlaubt.

Indes haben einige Interessierte

Mit Bagger und Presslufthämmern wird der Sockel des Reiterdenkmals seit Samstag abgerissen. Die Steine wurden gestern auf einen Lkw verladen – Bestimmungsort unbekannt. • FOTOS: STEFAN FISCHER

am Wochenende die Gelegenheit genutzt, das Reiterstandbild im Hof der Alten Feste hautnah zu besichtigen. Die Statue steht dort mit fünf Gerüststangen abgestützt, Zugangskontrollen oder -beschränkungen zum In-

nenhof gab es trotz Polizeipräsenz am Eingang aber nicht.

Das Reiterdenkmal ist am Abend und in der Nacht des ersten Weihnachtsfeiertages demontiert worden. Mehr dazu auf den Seiten 2, 3 und 12.

Quelle: Allgemeine Zeitung, 30.12.2013

Das Reiterstandbild steht seit 26. Dezember im Innenhof der Alten Feste und wird mit Gerüststangen gehalten.

Quelle: Republikein, 30.12.2013

Sockel des Reiterdenkmals endet auf dem Müllplatz

Windhoek (tb) • Nachdem das Reiterdenkmal am 26. Dezember in den Innenhof der Alten Feste in Windhoek versetzt wurde, sind vergangene Woche nach mehrtägiger Pause die Arbeiten zum Abbruch des Sockel fortgesetzt worden. Dazu rückten asiatische Arbeiter dem Gesteinsfundament mit einem Presslufthammer-Bagger zuleibe.

Die Steine seien auf einen Lkw geladen und auf die Müllhalde für Gartenabfälle und Bauschutt gebracht worden, berichtete ein Augenzeuge der AZ. Der Müllplatz wird von der Stadt Windhoek betrieben und ist an der Westlichen Umgehungsstraße gelegen. Ein Mann, der alten Schrott auf dem Müllplatz sammelt und wieder verkauft, erzählte im AZ-Gespräch, dass ein Lkw, von Asiaten gefahren und mit Steinen beladen, am Freitag mehrmals zum Müllplatz gekommen sei. „Die Steine wurden hier abgeladen und am Samstag in der Früh per Frontlader mit Erde zugeschoben", sagte er.

Seit der Demontage des Reiterstandbildes steht eine offizielle Erklärung dazu von der Regierung aus.

Am Sonntagmorgen war fast nichts mehr von dem Sockel des Denkmals übrig. Die Granitsteine landeten auf dem Müll.

Quelle:
Allgemeine Zeitung,
13.1.2014

An dieser Stelle liegen unter einer Schicht Erde die Steine des Reiterdenkmal-Sockels, berichtete ein Augenzeuge der AZ.

Ein Presslufthammer-Bagger wurde eingesetzt, um den Denkmal-Sockel vor der Alten Feste zu zerstören. Die Arbeiten, die kurz vor Jahresende begonnen hatten, wurden vergangene Woche fortgesetzt. • FOTOS: TANJA BAUSE

149

Der Sockel wird abgebaut - 2013/2014

Alles was vom Reiterdenkmal übrig ist, ist ein kaputtes Fundament. Januar 2014.
Quelle: Hartmut Voigts

Koreanische Bauarbeiter gießen ein neues Fundament für ein kommendes Denkmal.
Januar 2014.   Quelle: Hartmut Voigts

Beschädigte Gedenktafel im Hof der Alten Feste

Am 26. Dezember wurde die Reiterfigur in den Innenhof der Alten Feste gestellt; seit dem Jahreswechsel befindet sich auch die zweiteilige Gedenktafel dort, die am Sockel angebracht war. · FOTOS: TANJA BAUSE

Die Gedenktafel weist zwei tiefe Schnitte auf, die mit schwarzem Isolierband notdürftig kaschiert wurden.

Windhoek (tb) • Beim Abriss des Sockels des Reiterdenkmals in Windhoek ist die zweiteilige Gedenktafel beschädigt worden. Davon kann man sich im Innenhof der Alten Feste überzeugen, wo die Gedenktafel neben dem Reiterstandbild liegt.

Von dem Schaden zeugen zwei tiefe Schnitte in der Seite der Tafel, die wahrscheinlich von einer Schleifmaschine stammen, die bei der gewaltsamen Demontage des Sockels eingesetzt wurde. Ein Mitarbeiter des Alte-Feste-Museums teilte der AZ gestern mit, dass der Sockel gänzlich abgerissen, aber nicht im Innenhof des Gebäudes aufgebaut werden soll. Dort soll der Reiter in einer Ecke lediglich auf einer Zementplatte seinen neuen Platz finden. „Wenn er wieder auf den Sockel gestellt würde, dann würde er über die Alte Feste hinausragen und dann könnte man ihn wieder von der Straße sehen – und das wollen sie nicht", meine der Mitarbeiter.

Er räumte weiter ein, dass die Angestellten des Museums nicht über die Demontage des Reiterdenkmals informiert worden seien. „Als ich nach den Weihnachtsfeiertagen zur Arbeit kam, sah ich, dass der Reiter weg war. Ich habe mich richtig erschrocken und habe das Standbild dann im Hof vorgefunden."

Quelle: Allgemeine Zeitung, 8.1.2014

Quelle: Republikein, 30.12.2013

151

Das Recht und der Reiter
– eine juristische Betrachtung

Der einst stolze Reiter steht nun einsam im Innenhof der alten Feste. Was wird nun mit ihm geschehen und was ist das für ein politische Zeichen für die deutschsprachige Minderheit im Land? Darüber wurde bereits in den vergangenen Tagen hinreichend und emotional berichtet. Nachfolgend soll die Angelegenheit nun aus einem rechtlichen Blickwinkel beleuchtet werden.

Ethnisch heterogene Länder wie Namibia haben es mitunter schwer, nationale Einheit zu erlangen. Die Schaffung eines stabilen, allgemein anerkannten und geopolitisch begründeten Nationalgefühls bereitet Probleme. Des weiteren birgt jene Ethnizität eine Gefahr der Retribalisierung – besonders in Zeiten des Wahlkampfes – und kann als ein schädlicher und trennender Faktor in der Gesellschaft angesehen werden.

Die deutschsprachige Minderheit in Namibia ist, so lautete die Wortwahl des (noch) amtierenden namibischen Staatspräsidenten „einer der namibischen Stämme" und es bleibt zu hoffen, dass seine Amtsnachfolger auch künftig an dieser Ansicht festhalten. De facto ist die deutschsprachige Minderheit in Namibia ein wichtiger Bestandteil der namibischen Gesellschaft und Wirtschaft. Darüber hinaus hat die Bundesrepublik Deutschland Namibia eingedenk der gemeinsamen Vergangenheit auf seinem Weg in die Zukunft mehr unterstützt, als dies in jedem anderen afrikanischen Land der Fall war.

Auch wenn Namibia seit der Unabhängigkeit bereits ermutigende Fortschritte gemacht hat, auch was die Einrichtung der Demokratie betrifft, wäre es zu früh, sich auf diesen „Lorbeeren" ausruhen zu wollen. Der unliebsame Vorfall mit dem Reiterstandbild belegt, dass eine solide Rechtsstaatlichkeit seine Zeit braucht und ein stetiger Lernprozess ist. Das haben bereits ausgewachsene Demokratien anderswo hinreichend unter Beweis gestellt und es bleibt zu hoffen, dass dieser Lernprozess im Sinne der namibischen Verfassung fortgeführt wird. Schließlich gilt die Verfassung von Namibia als eine der liberalsten und demokratischsten auf dem Kontinent. Sie ist das oberste Recht im Staat und soll der Verwirklichung von Rechtsstaatlichkeit und dem Schutz der Menschenrechte dienen. Darunter fallen auch die Rechte von Minderheiten!

Nach der Verfassung muss der Staat alle Menschen ungeachtet ihrer ethnischen oder sonst kulturell geprägten Herkunft gleich behandeln (Grundsatz der Nichtdiskriminierung). Kulturelle Differenz sollte der Staat zulassen, wo eine Anwendung an sich neutraler Regelungen zu einer nicht rechtfertigungsfähigen, einseitigen Belastung und Herabsetzung von Angehörigen einer bestimmten ethnischen Gruppe führt und damit eine indirekte Diskriminierung bewirkt. Das Reiterstandbild hat sowohl Denkmal- als auch Mahnmalqualität. Nichtsdestoweniger ist es ein Stück Kulturgut in Namibia und daher für die deutschsprachige Minderheit von besonderer Bedeutung.

Der Rechtsstaat sollte nicht das Monopol beanspruchen, für alle Bürger inhaltlich festzulegen, was zum Beispiel gewolltes oder ungewolltes Kulturgut darstellt. Zudem erfordert der Respekt für die Menschenwürde dort Anerkennung kultureller Identitäten, wo deren Verkennung Menschen herabwürdigt und damit Leiden verursacht.

Der Internetseite des deutschen Auswärtigen Amtes ist zu entnehmen, dass „zu den deutschen kulturellen Einflüssen in Namibia auch ein umfassendes Erbe deutscher Kolonialarchitektur zählt, das von der namibischen Regierung und Gesellschaft als Teil der eigenen Geschichte wahrgenommen und geschätzt wird". Im Hinblick auf die jüngsten Ereignisse bleibt zu hoffen, dass dieser Satz auch weiterhin Bestand hält. Denn die Anerkennung kultureller Vielfalt und der Rechte von Minderheiten sind wesentliche Elemente der freiheitlichen Grundordnung und deshalb zu achten und zu schützen.

Prof. Oliver C. Ruppel

(Der Autor des Beitrages ist Professor an der juristischen Fakultät der Universität Stellenbosch/Südafrika, wo er auch das Rechtsstaats-und Entwicklungsprogramm DROP leitet. Er war zuvor an der juristischen Fakultät der Universität von Namibia beschäftigt, wo er auch heute vereinzelt lehrt. Bis 2010 war der Direktor des namibischen Menschenrechts- und Dokumentationszentrums in Windhoek.)

Quelle: Allgemeine Zeitung, 16.1.2014

Empfindlicher Konsens

Eberhard Hofmann

Es gibt einen breiten Konsens unter Namibiern, den ein außenstehender Deutscher nicht verstehen kann oder will. Die zum Teil von unterschiedlicher Überlegung und unterschiedlichen Ausgangspunkten abgeleitete Übereinstimmung unter Namibiern besagt, dass koloniale Denkmäler in Namibia, allen voran das Reiterstandbild, im Fortgang der Zeitgeschichte neben neuen Denkmälern, die die Opfer des Unabhängigkeitskampfes würdigen, einen festen Platz hätten.

Dieser Konsens ist spontan und ohne Absprache vorhanden, vergleicht man die Aussage von Pastor Michael Rust von der Evangelischen Stadtmission am Freitag in seiner „Feldpredigt" zum Gedenken der Enthüllung des Reiterstandbilds vor 100 Jahren und die Aussage des Otjiherero-sprachigen Politikers Katuutire Kaura im aktuellen Interview, unter Anderem über die Bedeutung des Reiterdenkmals. Pastor Rust mahnt: „Das Reiterdenkmal darf nicht zu einem Stein des Anstoßes werden sondern soll uns helfen aufeinander zuzugehen und uns daran zu erinnern, was passiert ist, damit so etwas nicht wieder geschehen muss." Katuutire Kaura sagt es ähnlich: „Das Standbild soll dazu mahnen, dass niemand mehr Krieg betreiben soll, das sollen alle namibischen Kinder sehen und daher darf es nicht entfernt werden." Das entspricht auch dem Tenor des Textes, den die ehemalige Reiterinitiative an einem Zusatzstein in direktem Bezug zum Standbild errichten wollte. Die Initiative erhielt zeitweilige Zustimmung (später aber Ablehnung) aus der Regierung sowie genügend materielle Unterstützung unter der Mehrzahl der Deutschsprachigen, die sich zum Ziel gesetzt hatten, zu dokumentieren, dass es gilt das rein kaiserliche Standbild in den gegenwärtigen Kontext zu holen. Die Initiative hatte ähnliche Breitenwirkung unter den Deutschsprachigen erfahren wie die spontane Unterstützung, die die professionelle Versetzung des Standbilds vom Verkehrszirkel an der Christuskirche zum jetzigen Standort an der Alten Feste möglich gemacht hat, wo es nun im Schatten des überdimensionalen neuen Unabhängigkeitsmuseums in einem total neuen, relativierten Bezug steht.

Das Nebeneinander sowie das historische Hintereinander, das in Namibia vielfach konkret mit Händen zu greifen ist, bleibt bis dato eine Aussage der namibischer Toleranz, die jedoch keine Selbstverständlichkeit ist. Diese Toleranz drückt sich auch in dem eingangs angesprochenen Konsens aus, dass die Geschichte durchaus sichtbar bleiben muss, damit daraus gelernt wird und eine friedliche Zukunft gestaltet werden kann.

Demgegenüber steht eine Denkschule, stehen Historiker und auch Kirchenvertreter, die das anders sehen, da sie stark von den totalitären Regimes des 20. Jahrhunderts geprägt sind, in denen stets nur das aktuell diktierte Geschichtsbild gelten durfte. Namibia hat aber die Chance, den Wandel der Geschichte mit kritischem Blick auf die Zukunft konstruktiver zu behandeln.

Quelle: Allgemeine Zeitung, 31.1.2012

Gedanken zum Reiterdenkmal und zu seiner Bedeutung

Zur zweiten Verschiebung des Reiterdenkmals folgende Überlegungen:

1. Denkmal

Als aller erstes müssen wir uns daran erinnern, dass das Reiterdenkmal genau das ist, was es sagt, ein Denkmal. Ein Denkmal, das von der ehemaligen deutschen kolonialen Regierung zum Angedenken der gefallenen Schutztruppler und Bürger errichtet wurde. Es ist also ein Andenken und eine Ehrung der Leute, die für dieses Land ihr Leben gelassen haben. An dem Denkmal ist auch eine große Tafel zu sehen, die genau das aussagt. Es ist somit eine Gedenkstätte für die toten Großväter und Urgroßväter, die als Pioniere mitgeholfen haben, dieses Land aufzubauen und somit einen großen Beitrag geleistet haben zu dem, was es heute ist. Kein Herero würde es zulassen, dass irgendjemand an den Grabstätten seiner Ahnen rumschiebt oder irgendetwas daran ändert. Auch wir Deutschen sollten diesbezüglich dieselbe Einstellung haben. Wir sollten unseren Vorfahren die Ehre erweisen, dass wir dieses Denkmal, das ihnen zu Ehren errichtet wurde, nicht noch einmal herumschieben lassen, sondern uns dafür einsetzen, dass es da bleibt, wo es ist.

2. Tourismus

Sicher gibt es in Namibia kein einziges Gebäude oder keine Statue, die von Touristen, die unser Land besuchen, so viel fotografiert wird wie das Reiterdenkmal. Es ist unbestritten ein wunderschönes Kunstwerk, das es verdient, gesehen zu werden - und zwar in dem Umfeld, in das es gehört, nämlich in der Nähe der ehemaligen Festung. Schon allein aus diesem Grunde sollte man das Reiterdenkmal nicht wieder verschieben, sondern im Gegenteil: vielleicht mal den Rasen ringsherum neu pflanzen und es zu einer schönen Sehenswürdigkeit Windhoeks machen, was es

immer war. Es ist einfach dumm, dieses Reiterdenkmal irgendwohin zu verlegen, wo es kein Mensch mehr von außen sehen kann oder wo es aus dem bestehenden Umfeld herausgenommen wird. Wozu auch!

3. Kolonialzeit

Selbst wenn das Denkmal ein Symbol der kolonialen Zeit ist, so sollte man ruhig in Erinnerung rufen, dass es diese koloniale Zeit war, die die Grundsteine für viele Entwicklungen in Namibia gelegt hat. Man braucht ja nur Namibia vergleichen mit Ländern, in denen keine Kolonialisten die ersten Grundsteine gelegt haben, so zum Beispiel Äthiopien, Somalia, Kongo und viel mehr Länder in Afrika, die keiner längeren Kolonialzeit unterworfen waren. Sie sind alle im Vergleich zu Namibia sehr, sehr rückständig. Jeder, der nach Namibia kommt, sagt, Namibia sei von seinem Aufbau her das beste Land Afrikas. Ohne die Kolonialisten gäbe es keine Eisenbahn, kein Straßensystem, kein Ausbildungssystem, kein Telegraphensystem, keine Hafenanlagen, keine Verwaltungsinfrastruktur, keine Verwaltungsgebäude. Viele Minen, die heute noch zur Finanzierung der Staatsausgaben entscheidend beitragen, wurden zur deutschen Zeit angefangen und entwickelt, viele Dammstellen wurden von Deutschen bereits vermessen und geplant. Betrachtet man einmal, wieviele Projekte in den 30 Jahren deutscher Kolonialzeit in Namibia angeschoben wurden, so ist es nur recht und billig, dass auch die anderen Bevölkerungsgruppen Namibias diese Leistungen unserer Großväter anerkennen und daher das Symbol für diese Pionierleistungen – das Reiterdenkmal – da lassen wo es ist.

4. Aktion

Die Deutschen sind in Namibia zwar nicht die Mehrheit, aber immerhin die Gruppe, die sicher am meisten zu dem Beitrag der Entwicklung dieses Landes beigetragen hat und noch immer beiträgt. Auch auf dem finanziellen Sektor sind es sicher die Deutschen, die den größten finanziellen Beitrag zum Staatshaushalt leisten. Als solches haben wir auch ein Recht zu fordern, dass das, was uns wertvoll ist, erhalten bleibt und geschützt wird, und dass unsere Interesse wahrgenommen werden.

In der Verfassung ist ausdrücklich festgelegt, dass die kulturellen Rechte der einzelnen Sprachgruppen nicht angetastet werden dürfen. Hierzu gehört nicht nur das Reiterdenkmal, die Christuskirche und viele andere Gebäude, die auch zur deutschen Zeit errichtet wurden, wie der Tintenpalast und die Staatsgebäude in Swakopmund, aber es gehören auch dazu Straßennamen wie Uhlandstraße und andere Straßen, die an deutsche Dichter oder bekannte Persönlichkeiten erinnern und somit zum deutschen Kulturkreis gehören. Ich meine daher, dass wir keinen Grund haben, bezüglich des Reiters mal wieder untätig zu bleiben, sondern wir sollten jetzt mal ein Zeichen setzen und eine ganz klare positive Richtung einschlagen. Unsere Strategie sollte wie folgt sein:

a) Wir halten eine Umfrage unter der schwarzen und braunen Bevölkerung, ob sie dafür ist, dass das Reiterdenkmal aus dem öffentlichen Blickfeld verschwinden muss.

b) Wir müssten die Vereine der deutschsprechenden Bevölkerung, die mit deutscher Kultur und auch der Pflege der Kriegsgräber usw. zu tun haben, zusammenbringen und gemeinsam einen Antrag beim Gericht vorbereiten, um eine weitere Verschiebung des Reiterdenkmals zu unterbinden. Für solch einen An-

Allgemeine Betrachtungen - Gedanken zum Reiterdenkmal.....

trag wäre eben auch eine Umfrage der Bevölkerung sehr vorteilhaft, weil sie zeigen wird, dass die von Ekandjo ausgesprochenen Gedanken, nämlich dass das Reiterstandbild bei der Bevölkerung unliebsame Ressentimente erweckt, total unbegründet ist.

c) Unsere Farmergemeinschaft hat gezeigt, wie man etwas erreichen kann, wenn man zusammenhält und an einem Strang zieht bezüglich der Bewertungen der Farmen. Genau so sollten wir auch hier auftreten: uns zusammenschließen und unseren Standpunkt, wenn nötig mit einem Gerichtsantrag und einer einstweiligen Verfügung gegen eine weitere Verschiebung des Reiterdenkmals, darlegen.

5. Spenden

Ich selber bin bereit, 10 000 N$ zu spenden, um die genannte Umfrage möglich zu machen und ich schlage vor, dass diese offiziell von der Allgemeinen Zeitung durchgeführt werden sollte. Dabei könnte man auch gleich zusätzlich fragen, ob der Befragte das Reiterstandbild schöner findet oder das jetzt neu gebaute „gigantische Museum", bei dem ich bisher noch niemanden gesehen habe, der es fotografiert oder bewundert hat. Einigkeit macht Macht.

Andreas Vaatz, Windhoek

Anm. der Red.: Dieser Beitrag ist am 20. Dezember 2013, also fünf Tag vor dem plötzlichen Abriss des Reiterdenkmals, bei der AZ eingegangen. Obwohl die Figur inzwischen in den Innenhof der Alten Feste versetzt wurde, sind die hier genannten Argumente und Zusammenhänge noch gültig.

Das Reiterdenkmal war das beliebteste Fotomotiv für Touristen in Windhoek – inzwischen haben all diese Fotos einen geschichtlichen (Seltenheits-)Wert, weil sich die Figur und die Gedenkplatte im Innenhof der Alten Feste befinden sowie der Sockel auf der Müllkippe gelandet ist.
• FOTO·AZ·ARCHIV

Quelle: Allgemeine Zeitung, 16.1.2014

Retrospective

By Nghidipo Nangolo

Let's think before we leap

FIRST of all, Informanté wishes all its readers a prosperous new year.

As thousands of Namibians are sluggishly returning to their workstations, the year 2014 started already on a high note with dust refusing to settle on several topics from the previous year. The freak weather patterns, the rains, the drought, and the new school calendar are issues many are still wrestling with in the new year.

So far, satisfactory rains have been logged despite falling sparsely countrywide. Victims of the drought, farmers, more so subsistence farmers, are exploiting the life-giving rain to plant their crops, while grazing is said to be gradually improving for livestock. Whether the latest rain phenomenon is a sign of overcoming the devastating drought still transfixing the country, is anybody's guess, since too much rain and possible flooding in the northern regions could dash the hopes of drought-stricken communities, who at present lost immensely last year.

The reality of climate change the world over should be acknowledged and scepticism allayed in this day and age. The inexplicable weather conditions are also affecting other parts of the world, notably the freezing temperatures in North America and mammoth oceanic waves flooding some parts of Europe. Looking at our own drought situation, all these natural catastrophes means climate change is here to stay, and the best remedy is to be prepared for any eventualities.

The removal of the Reiterdenkmal in a so-called 'Covert Christmas Operation' and hiding it inside the Alte Feste had infuriated some Namibian Germans. In fact, it was a timid move from a democratic government whose existence is constructed on the rule of law. Everyone understood and accepted that the colonial statues will go sooner or later, but to remove them like a thief on a late evening robbery, points to a government overwhelmed by conspiracy theories. If, perhaps, it was a move to discourage unknown extremist groups from disrupting the operation, than the citizenry needed to be informed on the existence of such groups, apparently still in existence. There's no need for secrecy in our democratic setup, for the simple reason that such moves could lead to autocracy later on, unless of course it was an election ploy. Which statue is next? We'll find out soon.

The removal of the Reiterdenkmal is now water under the bridge. As history tells us, victors always rewrite history until they are toppled too, or superseded one day, and their emblems and statues discarded as with the great dispensations in antiquity like the Egyptian Pharaohs, the Greeks, the Romans and many other great states of the world. History is still repeating itself today with the removal of Idi Amin's statues in Uganda, Saddam Hussein's statues in Iraq, Taliban symbols in Afghanistan, Muammar Gaddafi's statues in Libya, Mali, and it could happen in Egypt or Syria.

The hope is that the removal of the Reiterdenkmal will usher in new ideas of forging national emblems and statues that will survive beyond the reign of political parties and regime changes, to create durable harmony among all Namibian citizenry.

In a few days, schools will reopen again, and with one part of the exam results showing an improvement, concerted efforts are needed to raise the quality of education even higher than ever. Education is the cornerstone for development, wealth creation and prosperity, and Namibia should pursue it in the interest of all citizens. The land question, economic inequity and poverty are all schisms that plague this country and need to be tackled head-on in the interest of all, and not only for one part of society, as that will not allay fears of another class revolution or rebellion.

This year, all citizens are expected to play their part to turn Namibia into a successful story of Africa by building a nation that will survive beyond parochial ideals of nationhood.

Quelle: Informante, 9.1.2014

Political Perspective

By Gwen Lister

IT'S not a good way to start 2014. And it really shows the government just don't get it after all these years. They may believe they're building up but in actual fact they're breaking down with the news this week that they're planning a new parliament building at an estimated cost of N\$700 million. What with new statues and museums that don't open, it seems they're just erecting pricey monuments to celebrate themselves, but which have little meaning to the broad masses of the population except in terms of having to foot the bill for these excesses.

THEY may think they're buying popularity in depressed times with magnanimous gestures like the wasteful youth trip to Ecuador and the announcement of a mass housing project, but there's no transparency at all in their actions. Even with a seemingly populist act like taking down the Reiterdenkmal under cover of darkness and secrecy on Christmas night, they're actually only alienating others who feel their views are not taken into account. It's not necessarily the issue of the removal of the German memorial to another site that's the problem as much as the way government did it that speaks volumes to the German community in this country.

If the excuse is that we're building up an own identity as an independent Namibia, then it's clearly not the case. The Independence Museum is a gross structure by any standards, foreign in appearance and totally impractical and in fact probably largely non-functional, as it was finished in 2009 and there's still no sign of life. The Military Museum in Okahandja, also built at great cost, hasn't opened its doors nearly 10 years later. So much for the importance of our national heritage.

So intent are we to commission expensive statues glorifying the military struggle and Sam Nujoma and embracing the North Korean aesthetic (if one may call it that) that we fail to realise we are not doing right by our own people in the process.

It seems that while there is money to burn on non-essentials such as politically motivated monuments and statues (which may suffer the same fate as the Reiterdenkmal in future) we can't afford to institute a minimum wage or give unemployment grants. It is a measure of government priorities. The Tintenpalast, by all accounts, is an elegant building, no matter the architect or the historical period in which it was built.

If extensions are really needed because of a lack of space (and one wonders about that when Parliament has failed to get a quorum on several occasions in the past year) then this can be done, maintaining the existing structure. Indeed, the cost of the feasibility study for a new Parliament could probably have paid for the renovations. In the absence of any sensible reason, it seems we are coming up with these hare-brained schemes simply to hand out favours to our new foreign friends. Stadiums, streets and statues are named after individuals. Our heritage and our history is more than this.

Namibia isn't just about the struggle or Swapo or Sam Nujoma. It is also a country of immense scenic beauty and cultural diversity, with wildlife and flora and fauna and mineral resources that we could and should celebrate, rather than just select people who may not stand the test of time. Our heritage and our history is in our hearts and in the proud Himba and in the sand dunes and the leopard that comes down from the hills, and not in costly, huge and meaningless edifices that can't even perform the function for which they were designed in the first place. So let's rather preserve that legacy first.

Government must stop this rash of madness and hopefully the hitherto acquiescent Heritage Council will help to show them the way. If not, they don't have our real history at heart.

Follow me on Twitter @GwenLister1

Quelle: The Namibian, 10.1.2014

„Spottverse"

Befreit von grundverkehrtem Denken
scheint es nun wirklich an der Zeit
den Gaul samt Reiter zu verschenken
im Zeichen höchster Dankbarkeit

Als „trade-mark" ist er längst verschwunden
von Gläsern und als Flaschenzier.
Was soll's: es trinken doch die Kunden
klaglos ihr reiterloses Bier

Doch, halt! Man darf ja nur vergeben
was selbst man schwarz auf weiß besitzt.
So muß die Frage sich erheben:
Wer ist der wahre Eigner itzt?

Die Inschrift ist mir nicht geläufig
die auf Plakette I man find't,
doch scheint's als ob, wie sonst auch häufig,
die Worte „casus belli" sind.

Als Attraktion für die Touristen
gab's ob der Worte herb Kritk.
Das Beste wär's: packt ihn in Kisten
und schickt nach Deutschland ihn zurück.

Bei Curt ist allenfalls
Das Stück überm Hals
Grund für japp-japp.
Schraubt's ab!
Er kann „oben ohne" stehn
Kein Kopf ist auch mal schön.

Bleibt nur noch zu sagen, daß diese Vorschläge, obwohl schon
gehört, **nicht** meine Idee einer optimalen Lösung sind.

H.F. Hoffmann

Quelle: Allgemeine Zeitung, 20.5.1994

Entsöhnung

Der Reiter ist gefallen,
steht versteckt
im Innenhof der Alten Feste.

Nicht ein Gesetz
hat seinen Fall erlaubt.
Kurzfristig wurden Pferd und Reiter ohne Sockel
nächtens und mittels koreanischer Technik
und Arbeitskraft
versetzt.
(Wie hoch ist denn die Lösesumme?)

Reiter und Pferd
und ihre Verehrer
sind mit Bewegung
und Ortsveränderung
längst einverstanden.
Doch dies ist kein geheimer Akt,
sondern ein öffentlich erkennbares Ereignis.

Willfähr'ge Stimmen sprachen
ein politisch korrektes Urteil.
Der Herrschaftsanspruch
unserer regierenden Partei
hat geflissentliche Helfer gefunden,
die das Reiterdenkmal
aus aller Augen Sicht
verschwinden ließen
am Weihnachtstag,
dem Fest der Liebe und Versöhnung.

Die Zukunft dieses regenbenetzten Landes
ist nun entsöhnt.
Nicht frisches Grün,
Gemeinsamkeit im Schaffen
einer guten Zukunft
für alle
sollen die Heimat segnen.
Befehlsgehorsam und Gleichschaltung aller Meinungen
sind Zeichen einer bösen Dürre
menschlichen Willens.

Kam Gott vergeblich
nach Namibia?

Dieter Esslinger, Windhoek

Quelle: Allgemeine Zeitung, 8.1.2014

Das letzte Kapitel ist noch nicht geschrieben.....